Faraones del Antiguo Egipto

Un apasionante recorrido para conocer a los gobernantes egipcios

© Copyright 2025

Todos los derechos reservados. Ninguna parte de este libro puede ser reproducida de ninguna forma sin el permiso escrito del autor. Los revisores pueden citar breves pasajes en las reseñas.

Descargo de responsabilidad: Ninguna parte de esta publicación puede ser reproducida o transmitida de ninguna forma o por ningún medio, mecánico o electrónico, incluyendo fotocopias o grabaciones, o por ningún sistema de almacenamiento y recuperación de información, o transmitida por correo electrónico sin permiso escrito del editor.

Si bien se ha hecho todo lo posible por verificar la información proporcionada en esta publicación, ni el autor ni el editor asumen responsabilidad alguna por los errores, omisiones o interpretaciones contrarias al tema aquí tratado.

Este libro es solo para fines de entretenimiento. Las opiniones expresadas son únicamente las del autor y no deben tomarse como instrucciones u órdenes de expertos. El lector es responsable de sus propias acciones.

La adhesión a todas las leyes y regulaciones aplicables, incluyendo las leyes internacionales, federales, estatales y locales que rigen la concesión de licencias profesionales, las prácticas comerciales, la publicidad y todos los demás aspectos de la realización de negocios en los EE. UU., Canadá, Reino Unido o cualquier otra jurisdicción es responsabilidad exclusiva del comprador o del lector.

Ni el autor ni el editor asumen responsabilidad alguna en nombre del comprador o lector de estos materiales. Cualquier desaire percibido de cualquier individuo u organización es puramente involuntario.

Índice

INTRODUCCIÓN 1
CAPÍTULO 1: LOS PRIMEROS FARAONES: EL PRIMER
PERIODO DINÁSTICO 4
CAPÍTULO 2: LOS FARAONES DEL REINO ANTIGUO 21
CAPÍTULO 3: FARAONES DEL REINO MEDIO 37
CAPÍTULO 4: HATSHEPSUT Y AKENATÓN 49
CAPÍTULO 5: EL NIÑO REY: EL REINADO DE TUTANKAMÓN
Y SU TUMBA 62
CAPÍTULO 6: RAMSÉS II EL GRANDE: EL LEGADO DE UN
FARAÓN 69
CAPÍTULO 7: LOS MISTERIOS DE LAS MOMIAS: LA MUERTE
Y EL MÁS ALLÁ DE LOS FARAONES 80
CAPÍTULO 8: EL PERIODO TARDÍO Y EL FIN DEL DOMINIO
FARAÓNICO 86
CAPÍTULO 9: LA INFLUENCIA Y EL LEGADO DE LOS
GOBERNANTES DEL ANTIGUO EGIPTO 96
CONCLUSIÓN 101
FARAONES, DINASTÍAS Y FECHAS 104
VEA MÁS LIBROS ESCRITOS POR ENTHRALLING HISTORY 128
BIBLIOGRAFÍA 129
FUENTES DE IMAGENES 131

Introducción

El antiguo Egipto es fascinante. Era un mundo tan diferente del nuestro, tan lejano en el tiempo, con unos monumentos tan espectaculares. Conocer su historia puede resultar abrumador. Algunos egiptólogos académicos recuerdan haber contemplado la gran exposición de Tutankamón en la década de 1970 y haberse sentido atraídos, por lo que con el tiempo se convertiría en toda una vida de implicación. Kent Weeks, excavador de la tumba más grande del Valle de los Reyes, recuerda cuando decidió dedicarse a la egiptología; solo tenía ocho años.

Es fácil ver el antiguo Egipto como una masa homogénea. Pero, de hecho, cuando Ramsés II contemplaba las pirámides de Guiza, estaba mirando muy atrás en el tiempo, como nosotros hoy contemplamos a los vikingos o a las primeras civilizaciones Pueblo. La antigua civilización egipcia duró más de tres mil años, y los antiguos egipcios eran muy conscientes de ello. Los reyes que llegaban al poder en tiempos difíciles a menudo intentaban pulsar el botón de reinicio, invocando a grandes faraones anteriores.

Las fuentes de la historia egipcia son difíciles de interpretar, sobre todo en los primeros tiempos. Por ejemplo, disponemos de diferentes listas de reyes que contienen casi doscientos nombres distintos, y no todos coinciden entre sí. Algunos de los faraones mencionados en las listas son solo nombres, mientras que otros son individuos sobre los que tenemos una enorme cantidad de información tanto arqueológica como escrita. Los faraones como Seti I, que tenían listas de reyes talladas en sus templos, a menudo omitían a los faraones que desaprobaban, por lo que hay espacios en blanco que tenemos que rellenar.

En algunos casos, hay espacios en blanco porque partes de los textos históricos han sido destruidas. Por ejemplo, la Piedra de Palermo, que llevaba inscritos los anales reales de las cinco primeras dinastías, solo existe en fragmentos; falta una gran parte del registro original. La Lista de Reyesy de Turín o el Canon Real de Turín, un papiro que data del Imperio Nuevo, también es fragmentario. Incluso con las piezas adicionales que se descubrieron en 2009, todavía no se ha completado más que la mitad.

Los faraones tenían cinco nombres oficiales diferentes, por lo que a veces lo que parecen dos faraones puede ser solo uno (como Zoser y Netjerikhet, por ejemplo). Y cuando los historiadores griegos escribían lo que creían haber oído, a menudo se equivocaban. Por ejemplo, Jufu se convirtió en Keops, Zoser en Sesorthos y Ramsés II en Ozymandias (de su nombre de trono Usermaatre Setepenre). Eso hace que conciliar las fuentes escritas griegas y egipcias sea complicado.

También es difícil ponerse detrás de los filtros ideológicos que los faraones aplicaban en sus pronunciamientos públicos y en sus imágenes. Cuando contemplamos una imagen de Ramsés II, ¿lo estamos viendo tal y como era o tal y como él quería que la gente pensara de él?

Afortunadamente, disponemos de otras fuentes que pueden acercarnos a los faraones. En algunos casos, podemos ver realmente al hombre real, o al menos su cuerpo momificado. Con las técnicas de investigación modernas, podemos leer una momia como si fuera un libro. (Es fascinante ver cuántos de los grandes faraones sufrían artritis y lo mal que tenían los dientes). En otros casos, tenemos relatos de sus acciones escritos por funcionarios, relatos de sus palacios o incluso correspondencia diplomática.

Una cosa muy evidente es que los faraones diferenciaron al antiguo Egipto de otras civilizaciones. El concepto de un rey divino condujo al establecimiento de una economía y una burocracia centralizadas. A través de la progresión dinástica, Egipto buscó la estabilidad. Aunque no siempre la consiguió, el hecho de que solo se produjera un regicidio dos veces en 2.800 años (Ramsés III y Amenemhat I) es bastante sorprendente, comparado con la rotación de reyes de Israel, o de los reyes hititas o persas[i].

---

[i] Es posible que el regicidio ocurriera con más frecuencia en el antiguo Egipto. Dado que sus muertes se produjeron hace miles y miles de años, es difícil saber con certeza cómo encontraron su fin los faraones.

También es notable que cuando los gobernantes extranjeros consiguieron apoderarse de Egipto, enseguida empezaron a presentarse como faraones, adoptando nombres de tronos egipcios y mostrándose realizando los rituales faraónicos, vestidos con la falda (*shenti*) y llevando la doble corona del rey de las dos tierras. La cultura egipcia era tan fuerte que cuando los nubios invadieron desde el sur, ¡lo hicieron porque habían llegado a creer que conservaban una versión más pura de la religión egipcia que los egipcios!

Este libro arrojará una nueva luz sobre los faraones, e incluso explicará cómo empezó a surgir el concepto de realeza divina en el periodo predinástico. Contará las historias de aquellos faraones cuyos reinados y obras resultan más interesantes e intrigantes, y también examinará lo que queda de su legado. No necesita saber nada de arqueología ni de egiptología; se le explicará todo lo que necesita saber. Cuando llegue al final de este libro, debería tener una buena idea de cómo se desarrolló el antiguo Egipto a lo largo del tiempo, y tendrá algunas historias fascinantes que contar a sus amigos y familiares.

Capítulo 1: Los primeros faraones: El Primer Periodo Dinástico

La historia de los faraones no comienza con el primer faraón. Comienza mucho más atrás.

En los últimos cincuenta años aproximadamente, los arqueólogos han descubierto mucho sobre la historia predinástica de Egipto. Las pruebas demuestran que la idea de la realeza se estaba desarrollando gradualmente, incluso antes de que el primer rey de Egipto ocupara el trono.

Para la mayoría de nosotros, los primeros monumentos reconocibles del antiguo Egipto son las pirámides. Sin embargo, los inicios de la cultura de los constructores de pirámides se remontan quinientos años atrás. Durante el periodo predinástico y el primer par de dinastías, Egipto creó los cimientos de su civilización y cultura distintivas.

Las culturas prehistóricas de Egipto experimentaron de repente un gran avance durante el periodo Naqada II (c. 3600-3150 a. e. c.). La tecnología mejoró; por ejemplo, la alfarería pasó de la fabricación artesanal con arcilla aluvial (que se encuentra en la superficie) a la producción en serie con arcilla de marga, que había que excavar. También utilizaban una temperatura de cocción más alta, lo que la hacía más resistente. Mientras que los periodos anteriores muestran culturas locales diferenciadas, la cultura material de los distintos yacimientos se hizo mucho más cohesionada a finales del periodo Naqada.

Al mismo tiempo, el ajuar funerario se hizo mucho más elaborado y la distinción entre las tumbas de los ricos y las de los plebeyos se hizo mayor. Una clase adinerada empezaba a distinguirse del resto del pueblo, lo que condujo a la estratificación social. Las poblaciones se hicieron más densas y surgieron pequeñas ciudades-estado a lo largo del Nilo. Tres de ellas acabaron convirtiéndose en predominantes: Naqada (a unos doce kilómetros al norte de la actual Lúxor), Thinis (probablemente la actual Abidos) y Nejen/ Hieracómpolis (a más de cien kilómetros al norte de la actual Asuán).

En algún momento, Egipto desarrolló una ideología de la realeza. Ya se había formado completamente en la época de la dinastía I. Para entonces, Egipto no solo contaba con un faraón, sino también con un servicio civil, escritura y arquitectura monumental. Casi todo en el Egipto posterior tenía sus raíces en estos primeros siglos. Pero, ¿cuándo podemos identificar la «realeza»?

En Abidos, las excavaciones descubrieron un enorme cementerio predinástico lleno de tumbas de élite. La tumba U-j del cementerio de Umm el-Qa'ab es una tumba de varias cámaras que incluye salas para almacenar varios miles de litros de vino e incluso etiquetas de hueso con escritura (aunque es difícil leer los símbolos con certeza). Parece que el vino procedía de muchas ciudades diferentes, algunas del delta del Nilo. O bien Egipto ya estaba bajo un solo gobernante, o quienquiera que estuviera enterrado en la tumba U-j era lo suficientemente rico como para comerciar con las demás zonas. La tumba también contiene algunos artefactos importados de Siria.

La tumba U-j contiene un artefacto particularmente interesante: un cetro *heka*, que forma parte del ajuar del faraón. No sabemos quién fue enterrado en la tumba, aunque algunos egiptólogos lo han identificado como un «rey» predinástico, Escorpión I. Fuera quien fuera, sin duda tenía algún tipo de estatus real.

Otros hallazgos predinásticos muestran el desarrollo de la iconografía real. Por ejemplo, la vasija de Abidos hallada en el cementerio U muestra a un hombre golpeando a su enemigo con una maza; esta se convirtió en la postura real estereotipada de las dinastías posteriores. Las telas de una tumba de Gebelein muestran a un hipopótamo siendo arponeado, un símbolo de triunfo sobre lo salvaje y el caos, que se convirtió en otro motivo faraónico.

El motivo del «amo de las bestias», que se encuentra en una tumba pintada de Hieracómpolis, se tomó prestado de Mesopotamia. La idea es similar a la escena del hipopótamo, que muestra a un hombre estrangulando a dos animales, uno a cada lado. Sin embargo, este motivo extranjero no resistió la prueba del tiempo, ya que los egipcios pronto dejaron de utilizarlo.

El cementerio U de Abidos contiene las tumbas de los faraones de la dinastía I, así como de dos reyes de lo que se ha denominado «dinastía 0». Estos dos reyes, Iry-Hor y Ka, no se encuentran en las listas oficiales de reyes. Así pues, parece que quienquiera que esté enterrado en la tumba U-j había establecido el lugar como sitio de enterramiento real. Por lo tanto, cualquiera que fuera su nombre, debió de ser un rey.

Bajo reyes predinásticos como Ka y Escorpión II, el proceso de formación del Estado avanzó aún más. Por ejemplo, Ka está enterrado en Abidos, pero los artefactos que llevan su nombre se encuentran tan lejos como Helwan (cerca de El Cairo), Uadi Tumilat (al este del delta del Nilo) y tan al norte como Israel (Tel Lod). Su nombre se encuentra con signos que hacen referencia a los ingresos del tesoro, por lo que podemos suponer que la economía estaba centralizada. Lo más probable es que esto comenzara con la toma de control por parte del Estado de los excedentes agrícolas para que los graneros centrales pudieran proporcionar una forma de póliza de seguro contra la sequía.

Escorpión II se conoce por la cabeza de maza de escorpión hallada en un templo de Hieracómpolis, que parece datar de finales del periodo predinástico. Muestra una figura que lleva la corona blanca o *heDyet* del Alto Egipto, la alta corona cónica con remate bulboso. La figura sostiene una azada y está atendida por sirvientes; tal vez esté realizando un rito de irrigación, abriendo un dique o sembrando semillas, y lo acompañan portadores de abanicos. Su nombre, como el de Ka, está atestiguado por etiquetas de marfil y vasijas de piedra y arcilla con la marca real *serej*, un recinto rectangular que representa una fachada palaciega horadada.

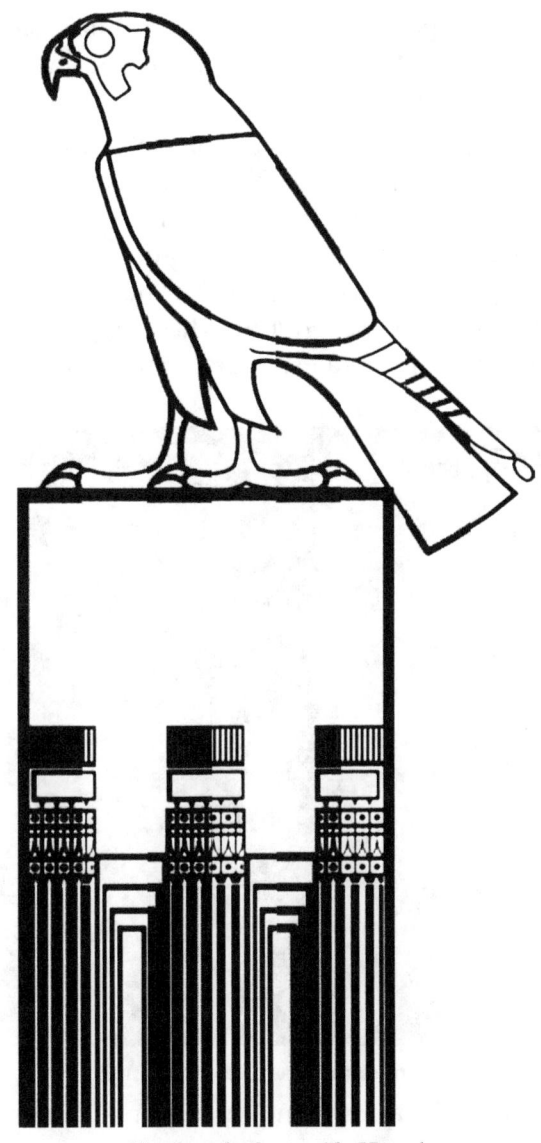
Un ejemplo de *serej* de Horus[1]

El primer rey de Egipto reconocido en las listas de reyes egipcios es Narmer, que probablemente fue el sucesor de Escorpión II. Sin embargo, algunos egiptólogos creen que pudo ser la misma persona que Escorpión. (Si quiere ver su pertenencia al mundo predinástico, solo tiene que pensar en él como «rey bagre», el primer jeroglífico de su nombre). Narmer fue probablemente también el mismo rey que Menes, que fue identificado como el primer rey de un Egipto unido por

Manetón, el erudito egipcio tardío que escribió una historia de Egipto y creó el método de dividir la historia egipcia en dinastías. Este sistema se sigue utilizando en la actualidad.

Narmer se convirtió en rey alrededor del año 3000 a. e. c. En Hieracómpolis, dedicó la Paleta de Narmer, una paleta de piedra. Los egipcios utilizaban paletas para moler cosméticos, pero la Paleta de Narmer era mucho más grande; medía más de medio metro de altura. Ambos lados están tallados. En un lado, Narmer lleva la corona blanca, y en el otro, la corona roja (*deshret*) del Bajo Egipto. La maestría en el tallado de la piedra que muestra esta obra es prueba de un alto nivel de cultura material.

Las dos caras de la paleta de Narmer[3]

La paleta muestra a Narmer como un rey notablemente brutal. Se lo muestra golpeando a su enemigo con una maza mientras lo agarra por el pelo; esto se convirtió en una imagen estereotipada del faraón conquistador durante los siguientes tres mil años. Se muestra a prisioneros decapitados tumbados en filas, colocados con la cabeza entre las piernas. En un lado de la paleta aparece un toro, y el Narmer humano lleva una cola de toro para mostrar su poder como toro. La cola de toro y nombres como «Toro Victorioso» aparecen a lo largo de la historia egipcia. Narmer también está claramente asociado con el halcón, emblema del dios Horus.

El halcón se asienta sobre el *serej*. Como ya hemos mencionado, un *serej* es un recinto rectangular que representa una fachada de palacio con nichos, en el que se suele escribir el nombre del rey. Más tarde, el *serej* se convirtió en la cartela, pero tanto el *serej* como la cartela estaban (con algunas excepciones) reservados al rey.

Dado que Narmer aparece portando ambas coronas, es innegable que reclama el reinado de las dos mitades de Egipto. Pero, ¿muestra la paleta un hecho histórico, haciendo de Narmer el conquistador y unificador de las dos tierras, o es simplemente un artefacto ritual que muestra su estatus como portador de la doble corona? No lo sabemos con certeza. Sin embargo, en los primeros rituales de coronación, la «Unificación de las dos tierras» era uno de los ritos, lo que es una prueba de que se trataba, de hecho, de un artefacto ritual.

Narmer fue enterrado en Abidos junto a las tumbas de Ka y de su sucesor, Hor-Aha.

La tumba de Hor-Aha es mayor que las de Ka y Narmer. Tiene tres cámaras separadas, que se habrían cubierto con un techo de madera tras el entierro del rey, y se habría construido un túmulo encima. Después, se habrían colocado dos estelas (grandes marcadores de roca) sobre el túmulo. Este habría sido un patrón común para las tumbas de Abidos, pero Hor-Aha añadió un nuevo giro. Su tumba se encuentra en el centro de treinta y seis enterramientos subsidiarios separados, incluyendo sirvientes, mujeres, perros y leones. Ninguno de los miembros de su corte enterrados alrededor de su tumba tenía más de veinticinco años, lo que sugiere que fueron asesinados en el momento del entierro de Hor-Aha para acompañarlo en la otra vida. La práctica de los sacrificios de los sirvientes continuó en las tumbas restantes de la dinastía I.

Las tumbas de élite más antiguas de Saqqara, en el desierto cerca de El Cairo, datan del reinado de Hor-Aha y sugieren que había elegido la cercana Menfis como capital, aunque continuó con la tradición de ser enterrado en Abidos. Una caja de marfil hallada en Abidos lleva su nombre junto con el de Benerib, «dulce de corazón», que quizá fuera una de sus esposas. Otra de sus esposas fue Khenthap, que fue la madre del sucesor de Hor-Aha, Dyer.

Y lo que es más importante, el mantenimiento sistemático de anales apareció por primera vez durante el reinado de Hor-Aha, marcando el inicio de la historia egipcia. Este fue el momento en el que Egipto tomó conciencia de tener un pasado[i]. Una entrada en la Piedra de Palermo, un registro de las actividades supervisadas por cada faraón, muestra que Hor-Aha llevó a cabo un progreso real conocido como el «Seguimiento de Horus», que reafirmaba la autoridad real a lo largo del Nilo. También podría haber sido una expedición de recaudación de impuestos. (A partir de la dinastía II, el Seguimiento de Horus se combinó con un censo formal).

El nombre de Horus es importante, ya que demuestra que el mito real del dios del sol Ra (o Re; no estamos muy seguros de cómo pronunciaban los egipcios su lengua, por lo que la pronunciación cambió con el tiempo) y su hijo Horus ya estaba en marcha. Ra fue el rey original de Egipto. Envió a su hijo, Horus, con cabeza de halcón, a gobernar la tierra. Se creía que cada faraón era la encarnación de Horus, por lo que el primer nombre real del faraón era su nombre de Horus.

Cada faraón era visto como un dios y como el hijo de un dios. Cuando el faraón moría, pasaba al oeste, que era visto como la tierra del sol poniente. Desde muy antiguo, Abidos fue vista como una tierra sagrada y el hogar de Jentiamentiu, el señor de los occidentales y el dios de la tierra de los muertos; por eso fue elegida como la primera necrópolis real.

La geografía de Egipto

Para comprender Egipto, hay que reconocer el lugar central que ocupa el Nilo. El antiguo Egipto era una nación larga y delgada, que discurría a lo largo de las orillas del Nilo. Para los antiguos egipcios, el Nilo era conocido simplemente como *iteru*, que significa «gran río». Cada año, el río se desbordaba de sus orillas (la «inundación»), aportando limo además de agua a la tierra y haciendo fértil la llanura de inundación. Esto permitió el establecimiento de comunidades asentadas y la creación de un excedente agrícola.

El fértil valle del Nilo estaba rodeado de desierto y montañas. Era relativamente inaccesible para otras potencias de Oriente Próximo, por lo que era fácil protegerlo contra los invasores. La facilidad de los viajes en barco a lo largo del río permitió la centralización del Estado y la difusión de

---

[i] Wilkinson, Toby A. H. *Early Dynastic Egypt*. Routledge, Londres, 1999. Pág. 2.

una cultura homogénea. Esto dio a Egipto una historia diferente de las civilizaciones de Mesopotamia y el Levante, que vieron oleadas de reinos e imperios compitiendo por el dominio.

Sin embargo, Egipto tiene dos tipos de geografía diferentes. En el sur, el Nilo discurría en una fértil llanura aluvial entre acantilados desérticos; en el norte, se extendía en un delta, a menudo pantanoso y salvaje. El papiro, una planta palustre, era el símbolo del Bajo Egipto (el delta septentrional), mientras que el loto o azucena representaba el Alto Egipto (el valle meridional). Aunque Egipto se unificó ya en el año 3000 a. e. c., las dos partes de Egipto siempre se reconocieron por separado. El faraón era el rey de las dos tierras.

Una nota interesante: los egipcios se orientaban hacia el sur. Un mapa egipcio de Egipto habría tenido Asuán en la parte superior y el delta en la inferior, siguiendo la dirección del Nilo desde sus orígenes hasta el mar.

Dyer fue el primer faraón que adoptó un nombre completo de Horus de oro. Su título completo era Dyer Ny-nebu Iteti, «el defensor de Horus, que pertenece al dorado, el gobernante». Probablemente llegó al trono siendo un niño, ya que su reinado fue precedido por una regencia bajo Neithhotep, que podría haber sido su madre o abuela.

Neithhotep fue enterrada en una enorme tumba rodeada de muros con nichos en Naqada, y su nombre aparece a veces escrito en un *serej*, lo que sugiere que gobernó en solitario. Los nichos del muro del palacio creaban un contorno ondulado que debió de resultar muy llamativo cuando era nuevo. Se tomó prestado de la arquitectura mesopotámica, y fue el único tema del arte extranjero que siguió influyendo después de los primeros reyes. Aparece en el complejo funerario de Zoser, creado a principios del Reino Antiguo.

Dyer construyó su tumba en Abidos, y estaba rodeada de 325 tumbas subsidiarias. Fue el primero en construir un recinto separado de la tumba. Las tumbas de los reyes de la dinastía I en Abidos incluían comida, vino, otros artefactos, sirvientes e incluso burros y barcos, todo ello provisto para que el rey lo utilizara en su vida futura. Las provisiones encontradas en los recintos parecen ser más generales para la casa real, mientras que las de la tumba eran específicamente para el rey. El recinto copiaba el exterior de un palacio y proporcionaba todo lo que el rey necesitaba para llevar a cabo los ritos y ceremonias de la realeza. La tumba, en cambio, se creó como el interior de un palacio e incluía todo lo que el rey necesitaría para su vida cotidiana.

Cada recinto parece haber sido destruido por el constructor del siguiente; esto puede haber sido un «enterramiento» simbólico del recinto para ponerlo a disposición de su propietario en la otra vida. La tumba también fue «enterrada» dos veces, primero bajo un túmulo que se construyó sobre la parte superior de las cámaras sepulcrales con techo de madera, y después el propio túmulo fue enterrado bajo más tierra. El túmulo podría haber sido un reflejo del túmulo primigenio, que los egipcios creían que era el lugar de la creación, el primer lugar que se separó de las aguas caóticas.

Es muy probable que cada recinto se utilizara para el culto real durante la vida del rey ,en lugar de ser solo un monumento funerario. También es probable que el recinto iniciara el proceso de desarrollo de un estilo real de arquitectura: el muro alto con nichos. Adicionalmente, cabe señalar que las palabras «sagrado» y «apartado» son la misma palabra en egipcio antiguo, y la exclusión fue un principio de la cultura egipcia desde una fecha muy temprana. Por ejemplo, los templos se desarrollaron como una serie de espacios cada vez más exclusivos, utilizando puertas para cerrar cada etapa de la aproximación. El antiguo Egipto es todo secretos dentro de secretos, ¡una de las razones por las que resulta tan fascinante conocerlo!

La tumba de Dyer fue reconstruida en el Reino Medio como tumba de Osiris, un dios que no apareció en los registros hasta la dinastía V. Existen registros de las medidas nilométricas de las inundaciones del Nilo desde el reinado de Dyer, lo que demuestra que Egipto ya tenía la capacidad de medir metódicamente la altura de las aguas. Dado que a los agricultores se les cobraban impuestos según su cosecha teórica, que se calculaba en función de la superficie que cultivaban y de la lectura del nilómetro del año, no se trataba solo de una estadística meteorológica o agrícola, sino también de la base del sistema tributario egipcio.

Dyet, «Serpiente de Horus», sucedió a Dyer, pero no tuvo un reinado largo. Los registros de su reinado se han perdido de la Piedra de Palermo. Los sellos de vasijas con su nombre demuestran que Egipto comerciaba activamente hacia el norte, en Siria y Canaán. La tumba de Dyet estaba rodeada por 174 sepulturas subsidiarias y estaba rematada por una estela que mostraba su nombre de Horus, que ahora puede verse en el Museo del Louvre de París, Francia. También se encontraron en la tumba un peine de marfil con su nombre y varias herramientas de cobre.

La estela de Dyet, mostrando su *serej*. El halcón de Horus está en la parte superior, su nombre, «Serpiente», está en el centro, y en la parte inferior hay una representación de la fachada horadada de un palacio real[8]

Todas las tumbas de Abidos fueron despojadas de su contenido más valioso en algún momento, pero los fragmentos y las piezas pasadas por alto o menos valiosas han demostrado la sofisticación del arte y la artesanía egipcios, incluso en esta fecha tan temprana.

Lo más probable es que Merneith fuera hija de Dyer. Era la madre de Den, el siguiente faraón. Como tal, es probable que fuera la esposa real de mayor rango de Dyet. Dyet era probablemente su hermano o hermanastro.

Merneith fue enterrada en el cementerio real de Abidos, por lo que parece probable que gobernara sola cuando Den era demasiado joven para ejercer el poder. Su tumba estaba rodeada de cuarenta enterramientos subsidiarios, lo que, de nuevo, es probable que sea un signo de su condición de reina. Un sello encontrado en la tumba de Den enumera los nombres de Horus de los reyes. Merneith tiene el título de «madre del rey», y su nombre aparece en un *serej* en un sello hallado en Saqqara.

Merneith tenía una segunda tumba en Saqqara, cerca del actual El Cairo. La creación de dos tumbas ocurría a menudo, ya que permitía a los faraones tener sus cuerpos enterrados en un lugar mientras mantenían su derecho a la vida eterna también en otro lugar. (Más tarde, Seti I haría construir su tumba en el Valle de los Reyes. También construyó un cenotafio (una tumba vacía), hoy conocido como el Osireion, que estaba adosado a su templo mortuorio de Abidos).

Tanto si Neithhotep y Merneith eran consideradas faraonas por derecho propio como si no, lo cierto es que las mujeres de la realeza eran respetadas y poderosas en la dinastía I.

Den era hijo de Merneith y Dyet. Fue el primero en utilizar el título *Nsw-bity*, «el de la juncia y la abeja», que suele interpretarse como rey tanto del Alto como del Bajo Egipto, pero que también puede reflejar una nueva concepción del rey como divino y humano a la vez. El nuevo título subraya el papel del rey en la unión del país y el mantenimiento de la armonía en el cosmos. También fue el primero en ser mostrado llevando la doble corona, es decir, llevando la corona blanca dentro de la corona roja en lugar de llevar cada una por separado.

La tumba de Den incluye lo que podemos tratar como una lista de reyes de la dinastía I. La tumba tiene impresiones de sellos que forman una lista de los predecesores de Den desde Narmer en adelante. Incluye a Merneith, pero no a Neithhotep. Su tumba también incluye placas de ébano y marfil que lo muestran corriendo con el toro Apis y celebrando dos festivales Sed (jubileos). Den fue el primero en construir una escalera para bajar a su tumba, lo que significó que esta pudo completarse antes de su enterramiento, ya que pudo techarse por completo. Anteriormente, el techo se construía sobre la cámara después de haber realizado el enterramiento. Esta fue también la primera tumba en la que se utilizó piedra; las tumbas anteriores solo empleaban adobes. La tumba se pavimentó con granito rojo y negro llevado por el Nilo desde Asuán.

Den hizo un censo de la población y reorganizó las tierras del delta del Nilo, posiblemente redefiniéndolas como tierras de la corona. Parece que aumentó los recursos de la administración y llevó a cabo una reforma de la misma, con nuevos títulos de funcionarios que incluían la palabra «interventor». También creó la «Casa Blanca», aunque para los antiguos egipcios esto significaba el departamento del tesoro, no su residencia oficial.

El papiro más antiguo que se ha encontrado data del reinado de Den. Hemaka, canciller de Den, se construyó una lujosa tumba en Saqqara. Por si acaso necesitaba escribir cosas en la otra vida, su tumba incluía una caja llena de hojas de papiro sin usar, entre otros ajuares funerarios.

El número de tumbas de élite en Saqqara durante el reinado de Den fue mayor que el de cualquier otro rey de la primera o segunda dinastía. Esto puede atribuirse en parte a su largo reinado, que probablemente duró más de cuarenta años. También muestra cómo el número de administradores creció rápidamente. Más de cien enterramientos subsidiarios rodean la tumba de Den.

A Den le sucedieron Adyib, Semerjet y Qaa, el último rey de la dinastía I. Es interesante que los enterramientos subsidiarios en torno a la tumba de Qaa fueran solo veintiséis; los sacrificios rituales estaban pasando de moda para entonces. Quizá estaban cambiando las ideas sobre cómo llegaría el faraón a la otra vida y qué haría allí.

Hetepsejemuy fue el primer gobernante de la dinastía II. Es posible que hubiera uno o dos pretendientes de corta duración (como Pájaro Horus, aunque podría tratarse de un nombre alternativo utilizado por Qaa, y Sneferka) antes de que Hetepsejemuy pudiera ocupar el trono. El nombre de Horus del nuevo faraón puede indicar que sentía la necesidad de una reconciliación, ya que significa «Reconciliación de los dos poderes». Quizás el Alto y el Bajo Egipto se habían dividido durante el periodo intermedio.

Hetepsejemuy hizo un movimiento inesperado: decidió situar las tumbas reales en Saqqara. Ignoró las tumbas de élite que se agrupaban al norte de Saqqara y creó un lugar de enterramiento exclusivamente real. Su tumba, que parece haber compartido con su hijo Nebra, fue la primera en tener un portillo de piedra caliza. De hecho, tiene cuatro. Estos se encajaban en su lugar para cerrar la tumba una vez que el faraón había sido enterrado. Una escalera conduce a una galería principal de la que parten cámaras de almacenamiento a ambos lados. Hay más de ochenta espacios separados.

La mastaba (un tipo de tumba con la parte superior plana y los lados inclinados) se desarrolló a partir del montículo redondeado de la tumba de estilo Abidos. Quizá fuera una forma de evocar el impresionante contorno de los recintos reales de Abidos. Mientras que a la cámara funeraria propiamente dicha se accedía por un pozo profundo, en la superficie había una superestructura rectangular de cima plana y lados inclinados hacia dentro. La mastaba contenía una capilla con una puerta falsa donde se podían hacer ofrendas al *ka*, o al espíritu, del difunto.

Varios reyes sucedieron a Hetepsejemuy, y probablemente fueron enterrados en Saqqara. Sin embargo, el faraón Seth-Peribsen parece haber llevado a cabo una especie de revolución de un solo rey. Hizo dos cosas inusuales. En primer lugar, se llamó a sí mismo Seth-Peribsen, utilizando un animal para honrar a Seth (una criatura parecida a un chacal) en lugar de un halcón en lo alto de su *serej*. Seth era enemigo de Horus, por lo que se trataba de un movimiento extraño. Seth-Peribsen también decidió construir su tumba en Abidos, dando la espalda a la recién establecida tradición de utilizar Saqqara como cementerio real. Aunque erigió un recinto, no volvió a la práctica de los sacrificios rituales.

Existen varias teorías sobre por qué Seth-Peribsen hizo esto. Podría haber heredado solo la mitad del reino del faraón anterior, Nynecher; hasta ahora, su nombre no se ha encontrado en ninguna parte del Bajo Egipto, que podría haber estado bajo un gobernante distinto. Su nombre tampoco aparece en las listas «oficiales» de reyes. En cualquier caso, parece haber sido una especie de vividor, reformando la burocracia y asegurándose de que tuviera una estructura jerárquica claramente definida.

El último rey de la dinastía II fue Jasejem, que subió al trono tras un periodo en el que las listas de reyes son algo confusas. Su nombre Horus significa «el poder ha aparecido», lo que habría sido un buen nombre para un faraón que pretendía revivir el país tras un periodo de conflictos y agitación. Más tarde cambió su nombre añadiendo un plural a Jasejemuy («los poderosos han aparecido») y añadiendo un animal Seth además de un animal Horus sobre su *serej*. Quizá esto formara parte de su intento de reunificar Egipto después de lo que había ocurrido con Seth-Peribsen.

Jasejemuy fue uno de los constructores más prolíficos del primer periodo. Parece que reinó durante casi veinte años, lo que le dio tiempo suficiente para construir una serie de edificios impresionantes. En Abidos, construyó tanto una tumba como un enorme recinto de adobe, que aún se mantiene en pie. Se conoce como el Shunet El Zebib o «granero de pasas». Los nichos de sus paredes aún son visibles, imitando una fachada de palacio como la que aparece en el *serej*. En el centro mismo del patio, por lo demás vacío, el egiptólogo David O'Connor descubrió un cuadrado de escombros y ladrillos que formaba cuatro escalones. Es imposible estar seguro de ello, pero se ha sugerido que la estructura podría ser una protopirámide, el primer paso en el proceso de diseño que conduciría finalmente a la inmensa pirámide de Keops en Guiza.

Otro rasgo que se asocia con el recinto de Jasejemuy son catorce enterramientos en barcas. Las barcas no solo estaban enterradas, sino también revestidas con ladrillos de barro. Aunque el significado aquí es incierto, las barcas aparecen en la pirámide de Keops, donde tienen un significado muy específico. Una vez más, Jasejemuy parece haberse anticipado a los acontecimientos posteriores con una precisión asombrosa.

La tumba de Jasejemuy en el cementerio real fue la primera que se construyó con piedras de cantera labradas, y contenía algunas obras de artesanía gloriosas, como un cetro de cornalina aderezado con bandas de oro, una jofaina de bronce y jarrones de piedra con tapas de pan de oro. También había herramientas de sílex y cobre y cuentas de cornalina.

Construyó un enorme recinto de fachada de palacio con nichos en Hieracómpolis, y es posible que también construyera el enorme recinto de Gisr el-Mudir en Saqqara (tres recintos distintos en tres de los lugares más importantes de Egipto durante su época). Tal vez sintiera que, como faraón que intentaba reunificar Egipto, necesitaba ser visto como «presente» en todos estos lugares. También necesitaba saber lo que ocurría y, según la Piedra de Palermo, llevó a cabo «un censo del oro y los campos» para evaluar los recursos financieros y agrícolas de la nación.

Una estatua bellamente tallada de Jasejemuy del recinto del templo de Hieracómpolis lo muestra sentado, vestido con la túnica ajustada de mangas largas que los faraones solían llevar en su fiesta de Sed. Tiene una mano perforada para sostener un cetro y lleva la corona blanca. Sobre el zócalo hay un registro de una campaña militar y representa los cuerpos contorsionados de los enemigos de Jasejemuy. Una etiqueta reza «47.209 enemigos del norte». Es un número asombrosamente preciso; si es cierto, su servicio civil debió de trabajar horas extras.

Jasejemuy fue sucedido por su hijo Zoser, lo que demuestra que había sentado unas bases seguras para la sucesión dinástica. Sin embargo, Manetón decidió que Zoser era una figura tan importante que merecía iniciar una nueva dinastía. El reinado de Zoser inició el Reino Antiguo, por lo que comenzaremos con su reinado en el próximo capítulo.

A finales de la dinastía II, el antiguo Egipto era reconociblemente el antiguo Egipto tal y como lo concebimos, aunque sin las pirámides. Se había establecido la imagen del faraón como preservador del orden y la idea de construir monumentos funerarios. El pueblo veía al faraón como semidivino. La imagen de Den de pie en un esquife y arponeando a un hipopótamo, emblema de los pantanos salvajes y del mal, se repite más de 1.500 años después en las estatuillas doradas de Tutankamón, de pie en su esquife con una lanza en la mano (es cierto que sin un hipopótamo a la vista).

La asociación de Horus con el faraón es evidente también a finales de la dinastía II. El cetro y el báculo se volvieron tan icónicos que se utilizaron como el jeroglífico que significa «gobernante». El mayal también se encontró en una fecha temprana, y la combinación clásica de báculo y mayal se vio por primera vez en la dinastía II. El faraón ya llevaba las coronas roja y blanca, por separado, así como la doble corona.

Muchos de los dioses de Egipto llevaban tiempo establecidos a finales de la dinastía II. Por ejemplo, estaba el chacal Anubis, el señor de los muertos; el dios de la fertilidad Min; y el dios creador Ptah. Sin embargo, algunas deidades aún no habían sido creadas. No hay pruebas de que la diosa con cabeza de vaca Hathor existiera en esta época, aunque sí existía una diosa vaca llamada Bat. Varios dioses animales que eran conocidos durante los primeros siglos del antiguo Egipto, pero que se hicieron menos conocidos incluyen a Heqet, la diosa rana; Hedjwer, el dios babuino; y Harsaphes, el carnero. Horus, obviamente, era uno de los dioses más importantes; en este periodo, parecía haber sido más importante que Ra, aunque esto cambiaría pronto.

Los dos dioses que no se encuentran en el periodo primitivo y que adquirieron una importancia suprema más adelante son Isis y Osiris. Isis no aparece en absoluto. En Abidos, Jentiamentiu era adorado como el señor de los muertos; más tarde, se fundiría en la figura de Osiris.

La astronomía ya estaba lo suficientemente avanzada como para predecir la fecha de la inundación del Nilo, y se conservaban registros de las medidas nilométricas. A principios del Reino Antiguo, Egipto ya contaba con una economía centralizada, que podía financiar los proyectos de construcción de templos y tumbas de los faraones y era capaz de garantizar reservas de emergencia de alimentos en los graneros del Estado. Las antiguas palabras egipcias para «escriba» y «funcionario» empezaron a utilizarse en la dinastía II. Esta administración permanecería prácticamente inalterada durante los tres mil años siguientes.

Se crearon haciendas reales para mantener el culto de cada faraón tras su muerte. Muchos de ellos siguieron existiendo durante varias dinastías. Las propiedades de Zoser «Horus, estrella principal del cielo» seguía funcionando en la dinastía XIX, 1.400 años después de la muerte de Zoser[i]. Esto contribuyó a centralizar las tierras agrícolas en manos reales. La temprana centralización de la economía fue probablemente una de las razones por las que Egipto no desarrolló la acuñación de moneda hasta muy tarde en su historia.

Las prensas de aceite, los viñedos, las granjas de cerdos e incluso el tejido del lino, la fabricación del pan y la elaboración de la cerveza estaban controlados centralmente. La dieta estándar era pan y cerveza, incluso en la corte. La carne era un manjar poco frecuente, salvo para la clase dirigente. La especialización artesanal y la creciente estratificación

---

[i] Wilkinson, Toby A. H. *Early Dynastic Egypt*. Pág. 103.

social hicieron que la gente dejara de estar atada a la tierra y permitieron la creación de las primeras ciudades de Egipto. Entre las primeras ciudades se encontraban Elefantina, Hieracómpolis, Menfis y Naqada. Los edificios estaban construidos con adobes y, en algunos casos, rodeados de murallas de adobe. En Elefantina se construyó un enorme fuerte para proteger el punto de entrada meridional al valle del Nilo y funcionar como centro aduanero para las mercancías traídas del sur.

Al final de las dos primeras dinastías, se había creado el sistema de dividir el país en cuarenta y dos nomos, cada uno dirigido por un nomarca, así como el sistema de rotación de las *phyle*, una forma eficaz de gestionar los recursos humanos. Efectivamente, en el antiguo Egipto se compartía el trabajo, por lo que un hombre podía haber sido sacerdote durante una parte del tiempo y artesano durante el resto.

Capítulo 2: Los faraones del Reino Antiguo

No sabemos mucho ni siquiera de los faraones mejor atestiguados de las dos primeras dinastías, pero esto cambia radicalmente con el primer rey de la dinastía III, Zoser/Netjerikhet, y el comienzo del Reino Antiguo.

Zoser era hijo de Jasejemuy y de su gran esposa real, Nimaathap. No está muy claro si sucedió directamente a su padre. Muchas listas de reyes tienen un faraón llamado Nebka antes de Zoser, pero este nombre es difícil de conciliar con los nombres de Horus de los reyes. Los sellos de la tumba de Jasejemuy nombran a Zoser, pero no a Nebka. Zoser tomó el nombre de Horus Netjerikhet, «divino de cuerpo», afirmando sin ambigüedad su estatus tanto de rey como de dios.

Zoser pudo haberse casado con su hermanastra, ya que su esposa Hetephernebti conservó el título de «hija del rey». Probablemente era hija de Jasejemuy, al igual que Zoser.

El matrimonio entre hermanos desempeñaba un papel importante en el reino egipcio. Estaba reservado solo al faraón, al igual que el mantenimiento de un harén. Los egipcios corrientes tenían una sola esposa. Podía ser una prima, pero desde luego nunca una hermana.

La práctica del matrimonio real entre hermanas y hermanos acentuaba la diferencia entre el faraón y sus súbditos. También lo relacionaba con los dioses. Uno de los principales mitos egipcios de la creación (hubo varios) cuenta cómo los dioses nacieron de varias generaciones de apareamientos entre hermanas y hermanos (Shu y Tefnut, Nut y Geb, Osiris e Isis, y Seth y Neftis).

Este matrimonio también tenía el resultado pragmático de mantener bajo el número de nietos, reduciendo las posibilidades de una sucesión disputada. (Por lo general, las mujeres de la realeza no podían casarse con plebeyos, aunque esta norma se aplicaba con diversos grados de severidad en distintas épocas. Las mujeres de la realeza nunca se casaban en el extranjero, aunque el faraón a menudo tomaba esposas extranjeras). Al mismo tiempo, dado que un hijo de una esposa menor podía convertirse en faraón, la poligamia reducía la probabilidad de que un faraón no tuviera heredero alguno.

Menfis (actualmente en las afueras de El Cairo) se convirtió en la capital de Egipto. Su nombre egipcio era «Murallas Blancas», Inebu-hedj; sus muros de adobe estaban quizás encalados y debieron deslumbrar a la vista. Aquí, Zoser gobernó quizás durante veinte o incluso veintiocho años. Su reinado no fue ni mucho menos el más largo de la historia egipcia, pero sí uno de los más importantes. También es el primer rey que aparece con el tocado nemes, una tela a rayas con dos lazos que caen a cada lado. Puede que no le suene, pero es probable que lo conozca. La máscara dorada de Tutankamón le muestra llevando el nemes. Los colosos que recubren la fachada de Abu Simbel llevan el nemes junto con la doble corona.

La máscara dorada del rey Tut'

Conocemos los nombres de los funcionarios de Zoser, la mayoría de los cuales fueron enterrados en Saqqara. Por ejemplo, Hesy-Ra, «confidente del rey», tenía una elegante tumba con pinturas murales de vivos colores y paneles de cedro bellamente tallados que lo mostraban en diferentes etapas de su vida. También podría haber sido el dentista de Zoser, según la interpretación de uno de sus títulos, que podría significar «trabajador del marfil» o «sanador de dientes». Khabausokar, también «confidente del rey», aparece en su tumba vestido con una falda de piel de leopardo y fue apodado «el Jerboa», un roedor saltarín del desierto.

Y luego estaba Imhotep, el visir (que probablemente podría traducirse como «primer ministro» o «canciller»). Imhotep tuvo la gran responsabilidad de diseñar y crear el monumento funerario de Zoser, la primera de las grandes pirámides de Egipto.

Zoser ciertamente habría conocido la tumba y el recinto de Jasejemuy, y parece que desarrolló aún más la idea. Se diseñó un enorme recinto con muros palaciegos horadados para incluir la mastaba en el centro del patio. En lugar de separar la tumba y el recinto, como ocurría en Abidos, Zoser decidió colocar una dentro de la otra. El uso de columnas de piedra, talladas para asemejarse a las columnas de papiro que se habrían utilizado en los edificios vernáculos de la época, y la creación de una columnata cerrada también fueron innovaciones.

Las excavaciones han demostrado que Zoser planeó originalmente una gran tumba mastaba en el centro del recinto. Más tarde se planeó una pirámide de cuatro escalones, pero se aumentó su tamaño hasta la pirámide de seis escalones que existe en la actualidad. Es fascinante ver cómo evolucionó el diseño a medida que Zoser e Imhotep ganaban confianza; todo el complejo ha sido calificado de «logro asombroso», superando con creces todo lo que se había construido hasta entonces[i].

El recinto incluye varios elementos que aún no se comprenden del todo. Por ejemplo, mientras que la tumba principal se encuentra bajo la pirámide, hay una tumba sur que puede haber albergado la estatua *ka* del rey; es una copia más pequeña de la tumba principal y originalmente estaba decorada con azulejos de loza azul. En una parte de la tumba se encontraron vasijas de piedra marcadas con los nombres de faraones anteriores. Parece probable que Zoser decidiera trasladar el contenido

---

[i] Wilkinson, Toby A. H. *Early Dynastic Egypt.* Pág. 81.

de la tumba a la nueva necrópolis real para que el culto de sus antepasados se celebrara junto al suyo propio. (Esto también convierte a la tumba de Zoser en una especie de lista de reyes).

Luego está la corte Heb Sed para el festival Sed, completa con edificios ficticios que quizás pretendían evocar los santuarios temporales de esteras de junco instalados para el jubileo. Aunque el festival Sed era un jubileo de treinta años, es posible que originalmente se concibiera como una especie de rejuvenecimiento del faraón, más que como una simple conmemoración. La coronación se representaba en una plataforma de tronos que tenía dos escaleras (y posiblemente dos tronos). En la ceremonia se utilizaban ambas coronas. Se celebraba una procesión alrededor de los santuarios de los dioses y, a continuación, el faraón corría una carrera ritual por los lados del patio, que pretendía ser simbólica de su dominio sobre todo el país.

Por último, está la cámara serdab, que contenía una estatua del faraón de tamaño casi natural. Esta estatua permitía a su *ka* (alma o espíritu) observar las ofrendas que se le hacían. Un pequeño orificio permitía al *ka* entrar y salir libremente.

Todo el complejo es el mayor reclamo de fama de Zoser. Sin embargo, también amplió la economía egipcia. Fue el primer faraón que inició la extracción de turquesas en Wadi Maghareh, en la península del Sinaí, como actividad regular y no mediante expediciones esporádicas.

Aunque este libro trata sobre los faraones, a veces hay algunos individuos sobre los que merece la pena desviarse para conocerlos. Imhotep es uno de ellos. No era solo el visir. También fue sumo sacerdote de Ra en Heliópolis, el centro del culto a Ra, y con el tiempo fue reconocido como dios, convirtiéndose en el patrón de la medicina y la curación. Siguió trabajando para el hijo (o posiblemente hermano) y sucesor de Zoser, Zoser-tety Sejemjet, y consta en dos inscripciones. Una inscripción se encuentra en una estatua de Zoser y la otra en la pirámide de Zoser-tety. Desgraciadamente, solo se completó el primer escalón de esa pirámide, ya que Zoser-tety solo reinó durante seis o siete años.

Imhotep debió de ser todo un visionario. La película *La momia* no es el mejor testimonio de este hombre fascinante.

Las tumbas de élite que rodean la pirámide escalonada de Zoser presentan tallas en relieve y pinturas que nos dan una idea de cómo veían su mundo los egipcios de la época de Zoser. Se los muestra sentados ante mesas en las que se les ha ofrecido comida para su sustento en la otra vida. Llevan pelucas bien rizadas, cuellos ornamentados y, en el caso de Hesy-Ra, un tintero doble (para tinta roja y negra) y una pluma de caña.

Por desgracia, el resto de los reyes de la dinastía III no fueron tan ambiciosos como Zoser. Sin embargo, hacia el final de la dinastía y el principio de la dinastía IV, dos reyes erigieron pequeñas pirámides escalonadas por todo Egipto. Estas pirámides no estaban destinadas a ser tumbas, sino más bien objetos de culto. Huni, «el Atacante», tomó el nombre de Horus QaheDyet, «su corona blanca es alta». Parece que construyó la pirámide en la isla Elefantina, en la frontera sur, mientras que Seneferu, el primer gobernante de la dinastía IV, construyó una en el oasis de Faiyum, otra frontera. Su preocupación debía de ser hacer visible en todo el reino el poder del faraón, que era muy evidente en Menfis. Otras pequeñas pirámides escalonadas en Edfu, Hieracómpolis, Abidos y en el delta del Nilo muestran cómo marcaban su poder en todo Egipto.

En el periodo anterior, la mayoría de los oficiales del rey habían sido miembros de la extensa familia real. Con el tiempo, se estableció el concepto de meritocracia. Metyen trabajó tanto para Huni como para Seneferu, y la capilla de su tumba, que ahora puede verse en su totalidad en el Museo Egipcio de Berlín, registra sus donaciones al culto de la madre de Zoser y su trabajo en planes de irrigación y recuperación de tierras. Las inscripciones también nos dicen que su padre no le dejó nada, salvo la capacidad de leer y escribir. Metyen salió de la nada para convertirse en uno de los más grandes hombres del reino.

Seneferu fue el faraón que inició la dinastía IV. Tomó el nombre de Horus, Nebmaat, que significa «señor de la verdad». Su nombre de trono, Seneferu, significa «el que ha sido perfeccionado».

La duración del reinado de Seneferu ha sido objeto de debate, pero probablemente duró hasta cuarenta y ocho años. Durante este tiempo, construyó no una, sino tres pirámides distintas y refinó continuamente el concepto arquitectónico. Comenzó una pirámide en Meidum, a unos cuarenta kilómetros al sur de Saqqara. Esta fue la primera pirámide cuyos edificios subsidiarios se planificaron sobre un diseño axial en lugar de utilizar un recinto rectangular. Esta pirámide se diseñó con ocho escalones, lo que la hacía dos escalones más alta que la de Zoser.

Finalmente, Seneferu decidió que el simple hecho de tener más escalones no era suficiente cambio. Decidió construir una pirámide completamente geométrica y de lados lisos. Eligió un emplazamiento entre Meidum y Saqqara, un lugar llamado Dahshur, y comenzó a construir lo que pretendía ser una estructura relativamente esbelta con una inclinación de cincuenta y cuatro grados. Sin embargo, a mitad de camino, el ángulo se corrigió a cuarenta y tres grados, lo que dio a la pirámide el sobrenombre de pirámide «doblada».

Finalmente, Seneferu comenzó otra pirámide, iniciándola a cuarenta y tres grados, lo que la convirtió en la de aspecto más achaparrado de todas las pirámides. Se trataba de la pirámide Roja de Dahshur, que se encuentra a unos tres cuartos de milla de la pirámide doblada. El ritmo de construcción se aceleró, ya que también decidió convertir la inacabada pirámide de Meidum de una pirámide escalonada a una verdadera pirámide. No se trataba solo de una enorme cantidad de construcción. También supuso una enorme cantidad de experimentación en un tiempo relativamente corto. Este proceso generó conocimientos que Keops pudo utilizar para su gigantesca creación más al norte, en la ribera del Nilo, en Guiza.

Seneferu apoyó su auge constructor mediante una agresiva política exterior. Realizó incursiones en Libia y Nubia para capturar esclavos y ganado. Tenía una flota de al menos sesenta barcos reales, incluido su navío personal *Elogio de las dos tierras*, e importó enormes cantidades de cedro del Líbano. (Egipto es muy pobre en recursos madereros.) También creó 35 haciendas reales y 122 explotaciones ganaderas. La carne era para la corte real, no para los granjeros. Lo sabemos porque las pruebas arqueológicas demuestran que los habitantes de Imu, una explotación ganadera cercana al delta del Nilo, tenían una dieta extremadamente pobre en carne.

Seneferu introdujo un cambio muy importante. Fue el primer faraón que escribió sus títulos en un cartucho. Esta siguió siendo la norma hasta el final del periodo dinástico.

A Seneferu le sucedió su hijo Keops, también conocido como Jufu. Keops se hizo cargo de un Estado que funcionaba a toda máquina. Se había centralizado el sistema de regadío, haciendo que el valle del Nilo fuera increíblemente fértil, y se estaban fundando nuevas ciudades. Los talleres estatales empezaban a promover nuevos estilos de escultura e incluso de cerámica por todo Egipto.

Al mismo tiempo, los conceptos religiosos estaban cambiando. Se seguía pensando en el faraón como una representación de Horus, pero su vida después de la muerte se enredó con el dios solar Ra. El rey disfrutaría de la inmortalidad a través de su ascenso al reino celestial, donde cabalgaría en la barca solar con Ra. Las grandes pirámides de Guiza reflejan la cambiante concepción de la vida después de la muerte, así como el creciente poder de los faraones.

Keops, según los historiadores griegos, era un tirano. Según los egipcios, fue un gobernante generoso. El Papiro Westcar contiene relatos de magos que se contaban en su corte, pero data de mucho más tarde, durante el periodo hicsos, e incluye relatos de Zoser y Seneferu, así como de Keops y sus hijos. Quizá no deberíamos fiarnos de él más de lo que nos fiamos de Shakespeare para contar la verdadera historia de Antonio y Cleopatra.

A Keops se lo recuerda sobre todo por la construcción de la Gran Pirámide, uno de los monumentos más conocidos del antiguo Egipto. Fue el edificio más alto del mundo hasta que se construyó la catedral de Lincoln en 1311. La Gran Pirámide de Guiza sigue siendo un espectáculo asombroso. Las estadísticas son aún más asombrosas. Cada bloque de piedra de la pirámide pesa cinco toneladas. Se utilizaron más de dos millones de bloques de piedra. La pirámide debió de llevar unos veinte años de trabajo, incluso si suponemos que se colocaba un bloque nuevo cada tres minutos, noche y día[i].

La pirámide también se construyó con un asombroso nivel de precisión, ya que estaba orientada al norte verdadero con una precisión de un fragmento de grado. Esto requirió el uso de mediciones astronómicas avanzadas. Los fustes de la pirámide apuntan hacia la estrella Sirio y hacia dos estrellas que giran alrededor del polo norte celeste; la pirámide une así el cielo y la tierra en un solo edificio.

Al igual que la pirámide de Zoser, la Gran Pirámide formaba parte de un complejo mayor. La pirámide propiamente dicha se construyó en la alta meseta de piedra caliza sobre el Nilo, con un templo mortuorio de basalto negro delante de la pirámide donde se habría llevado a cabo el culto al rey tras su muerte. Una calzada descendía hacia el templo del valle desde el templo mortuorio, con su embarcadero en el río. Desgraciadamente, el templo del valle se ha perdido bajo la moderna ciudad de Guiza.

---

[i] Brier, Bob. *The Murder of Tutankhamun: A True Story.* Putnam, 1998. Pág. 21.

El estado centralizado de Egipto permitió disponer de la mano de obra necesaria para la construcción de tan magnífico monumento. El sistema de trabajos forzados formaba parte de la vida egipcia; todo el mundo tenía que trabajar durante una serie de días al año para el Estado, aunque los ricos normalmente podían comprar su salida o proporcionar trabajadores de sus fincas como sustitutos. El proyecto de las pirámides era un importante foco económico y también ofrecía una narrativa política.

Los equipos de trabajo estaban organizados jerárquicamente. Diez equipos de veinte formaban una *phyle*, cinco *phyles* formaban una cuadrilla y dos cuadrillas formaban una brigada (dos mil obreros). Probablemente había dos brigadas trabajando en el proyecto a la vez, lo que hacía cuatro mil obreros, pero, por supuesto, habría habido obreros adicionales. Habría habido panaderos y cerveceros para proporcionar los principales alimentos básicos de la vida egipcia. Habría habido fabricantes de herramientas, aguadores, personal encargado del mantenimiento de los barracones de los trabajadores y personal de cocina. Habría carniceros, ya que los obreros tenían una dieta rica en proteínas con mucha carne de vacuno para fortalecer sus fuerzas. Es muy posible que en algún momento hubiera hasta diez mil personas empleadas en la meseta.

Las piedras se partían en la cantera, haciendo primero un agujero con cinceles de bronce con un martillo de piedra y luego rellenando los agujeros con cuñas de madera seca. La madera se empapaba para que se expandiera y partiera la piedra. Las piedras se trasladaban en trineos o rodillos, que eran tirados por equipos de hombres, y se habrían subido a los lados de la pirámide por una rampa. Los bloques se colocaban primero en su lugar, y el exterior solo se tallaba una vez que las piedras estaban en su sitio.

Las tumbas del resto de la familia real, así como las tumbas subsidiarias de nobles y administradores, crecieron alrededor de la pirámide. A estas personas ya no se las mataba ritualmente, sino que se las enterraba en mastabas en calles cuadriculadas para que cabalgaran a lomos del faraón hacia la otra vida. Perniankhu, el enano del rey, fue enterrado cerca, y se ha encontrado la tumba de Hetepheres, la madre del rey. En su tumba había una cama ligera y portátil que debió de utilizar en sus viajes.

Hemiunu, uno de los sobrinos de Keops y el supervisor de los proyectos de construcción, también fue enterrado en Guiza. Su tumba contenía una estatua de tamaño natural inusualmente realista para el antiguo Egipto, donde las estatuas solían estar bastante idealizadas. En ella se le atribuyen varios títulos, entre los que se incluyen el de jefe de justicia, visir y «el mayor de los cinco de la casa de Thot». (Thot era el dios de los escribas, por lo que presumiblemente se trataba de un título de funcionario.) La estatua sedente de su serdab (ahora en el Museo Pelizaeus de Hildesheim, Alemania) es impresionante. Representa a un hombre antaño fuerte que se ha vuelto gordo, con pechos de hombre. Sin embargo, su expresión lo hace parecer astuto, franco y poderoso.

Entonces, ¿qué significa la pirámide? No disponemos de textos de este periodo que expliquen el concepto. Los Textos de las Pirámides de finales de la quinta y sexta dinastía dicen que el rey se elevaría como una estrella en su vida después de la muerte, lo que parece coincidir con la forma de la pirámide, ya que los fustes apuntan hacia el norte. Se trata de un cambio definitivo con respecto a Abidos, donde las tumbas miran hacia el este, hacia el sol naciente.

Keops hizo excavar una serie de fosos para barcos para contener los tablones y aparejos deconstruidos de las embarcaciones reales. Una de ellas ha sido reconstruida y ahora reside en un museo junto a la pirámide. El dios del sol Ra viajaba por el cielo en su barca solar, y el enterramiento de las barcas habría proporcionado a Keops su propia barca para viajar junto al dios del sol.

Hay otra cosa que la pirámide significa, y no es teológica; es política. La pirámide era la expresión del poder absoluto del faraón.

Y sin embargo, Keops, en contraste con su sobrino y arquitecto Hemiunu, sigue siendo desconocido. Una estatuilla de marfil del tamaño de un pulgar del templo de Jentiamentiu en Abidos es la única representación que se conserva del faraón. Quizá Keops estaba cubriendo sus apuestas enviando una estatuilla al señor de Occidente y construyendo un barco para navegar con Ra. O tal vez, como piensa el destacado arqueólogo Zeni Hawass, la estatuilla sea una copia de la dinastía XXVI.

A Keops le sucedió Dyedefra, su hijo. Su nombre significa «Ra habla», y también añadió el título de «hijo de Ra» en lo que debió de ser una ligera ruptura con la tradición de Horus. Construyó una pirámide en Abu Rawash, situada a ocho kilómetros al norte de Guiza. Le sucedió su hermano menor Kefrén («Ra aparece»), que regresó a Guiza y creó su propia secuencia de monumentos funerarios —un templo del valle, una calzada, un templo mortuorio y una pirámide— junto a la de Keops. Resulta especialmente interesante el hecho de que el templo del valle de Keops sobreviva junto a la Esfinge, que probablemente también sea obra de Kefrén.

En realidad, Kefrén fue bastante inteligente a la hora de diseñar su monumento. La pirámide no es tan alta como la de su padre, pero es ligeramente más empinada. Está situada diez metros más arriba en la meseta, lo que hace que parezca más alta.

El templo mortuorio solo existe en un plano, pero muestra lo que se convirtieron en los elementos estándar de los templos mortuorios a partir de ese momento. En primer lugar, había un vestíbulo de entrada y un patio con columnas y nichos para las estatuas del faraón. Después, había un santuario interior. El Templo del Valle, donde comienza la calzada que sube a la pirámide, tiene un vestíbulo que atraviesa la parte delantera del templo y una sala con pilares en forma de T en el interior, donde cada columna tenía una estatua de Kefrén de pie delante de ella.

A Kefrén le sucedió su hijo Menkaura, que construyó la tercera (y más pequeña) de las pirámides de Guiza. Se le dio el nombre de Netjer-er-Menkaura («Menkaura es divino»). Su pirámide principal estaba acompañada por tres pirámides más pequeñas, que posiblemente estaban destinadas a las esposas de Menkaura.

El templo del valle de Menkaura sobrevivió. Estaba construido principalmente de ladrillo, pero contenía una maravillosa serie de tríadas de nomo (estatuas que lo muestran con la diosa o el dios de uno de los nomos (distritos administrativos)) a un lado y la diosa Hathor al otro. Son esculturas exquisitamente bellas con una superficie finamente pulida. Muestran al faraón avanzando con paso seguro, ligeramente por delante de las diosas. El objetivo de la obra era mostrarlo como el faraón no solo de Egipto como concepto generalizado, sino también de un Egipto regulado y organizado según Maat (orden). Se trataba quizá de una forma de pensar ligeramente burocrática, pero no desentonaba con la idea del faraón como mantenedor del orden divino.

Una de las estatuas de Menkaura, con Hathor a la derecha y la personificación del nomo de Diospolis Parva a la izquierda[5]

A Menkaura le sucedió su hijo Shepseskaf, que curiosamente decidió construir su tumba al sur de Saqqara en lugar de Guiza. Su tumba, conocida como Mastabat al-Fira'un, es una mastaba de dos escalones. No es una pirámide, aunque es posible que tuviera la intención de construir una pirámide, pero simplemente se le acabó el tiempo. Es probable que fuera el último faraón de la dinastía IV, lo que constituye una especie de anticlímax.

Userkaf fundó la dinastía V. Podría haber estado relacionado con la familia de Kefrén de alguna manera, posiblemente a través de la hija de Menkaura, Khentkaus. Podría ser que se viera a sí mismo como el revulsivo de Egipto tras un reinado infructuoso o un periodo de contención. También podría ser posible que sintiera que su legitimidad necesitaba ser defendida. En cualquier caso, decidió vincularse con la grandeza del pasado, construyendo su pirámide en la esquina del gran recinto de Zoser, que para entonces ya tenía doscientos años y representaba una edad de oro. Puede que Userkaf fuera el primero en utilizar este truco de vincularse con un ilustre faraón anterior, pero no sería el último.

Userkaf tomó el nombre de Horus de Iri-Maat, «el que ha cumplido el orden». Claramente, sentía que afirmarse como un gobernante justo era importante.

Bajo Userkaf, el culto a Ra se hizo predominante en Egipto. Userkaf construyó un templo dedicado a Ra en Abusir, que fue diseñado como una enorme mastaba con una calzada que conducía hasta él desde un templo del valle. Quizá se concibió como un templo mortuorio para el sol poniente, de modo que pudieran entregarse ofrendas para ayudar a la barca de Ra a navegar más allá de los peligros de la noche. Userkaf también adoptó el título de «hijo de Ra», que se convirtió en norma tras su gobierno, confirmando el anterior cambio de nombre del faraón por Dyedefra.

Leyendo entre líneas, Shepseskaf podría haber decidido que el sacerdocio de Ra se había vuelto demasiado poderoso e intentó separarse. En ese caso, Userkaf habría devuelto Egipto a Maat. Todos los faraones de la dinastía V que sabemos que estaban en la línea directa de Userkaf construyeron templos solares propios, reafirmando la relación del faraón con el dios Ra.

Userkaf realizó una interesante innovación, ya que en su templo mortuorio se muestran escenas de caza. Las escenas de caza no eran infrecuentes en las tumbas egipcias, pero en el caso de la tumba de un faraón, pueden leerse como una idealización de su papel en el triunfo sobre el caos.

Userkaf fue sucedido por su hijo Sahura, a quien siguieron tres de sus hijos, los efímeros Neferefra, Shepseskara y luego Nyuserra Iny[i]. Nyuserra Iny construyó seis pirámides en Abusir, aunque no todas fueron para él. Dos fueron para sus reinas, y otras para su madre, su padre (que terminó para él) y su hermano, que no había gobernado el tiempo suficiente para construir una. El parentesco de los tres faraones siguientes es incierto, aunque pertenecían a la misma familia. Menkauhor podría haber sido sobrino de Nyuserra Iny, y Dyedkara Isesi podría haber sido hermano o hijo (o incluso primo) de Menkauhor.

El último faraón de la dinastía V fue Unas, que probablemente era hijo de Zoser. Al igual que Userkaf, construyó su pirámide junto al recinto de Zoser, pero también introdujo una importante innovación. Las pirámides anteriores tenían cámaras funerarias bastante sencillas, pero Unas decoró su cámara funeraria con un cielo estrellado en la bóveda y los Textos de las Pirámides inscritos en las paredes. En la antecámara, las inscripciones se refieren al horizonte como lugar de renacimiento, y las inscripciones de la cámara funeraria se refieren al inframundo. Los 283 «enunciados» son hechizos mágicos que probablemente se recitaron en el momento del entierro del rey y se hicieron eternos al inscribirlos en la piedra.

Los Textos de las Pirámides demuestran que los faraones eran muy capaces de creer en dos mitos diferentes, ya que el faraón se identifica tanto con Ra, el dios del sol que resucita cada día, como con Osiris, que en la época de Unas era un dios bastante nuevo. Sin embargo, Osiris empezaba a convertirse en un dios más importante, razón por la que quizá ni Dyedkara ni Unas construyeron un templo solar. La importancia de Ra podría haber estado en declive.

También hay un encantamiento muy extraño (en realidad dos enunciados, los números 273 y 274) conocido como el «Himno caníbal». Cuenta cómo «Unas se come a la gente y… vive comiéndose a

---

[i] Es importante señalar que las listas de reyes y las pruebas arqueológicas no siempre coinciden. Por ejemplo, algunos dicen que Neferirkare Kakai fue anterior a Neferefra y que Neferefra es hijo de Neferirkare Kakai.

los dioses». Al comerse a todas las deidades, obliga a los dioses a obedecerle. Al hacerlo, el rey habría asimilado los poderes divinos, un alarde casi psicopático.

Los reyes de la dinastía V habían puesto cada vez más espacio entre ellos y sus cortesanos. Los funcionarios siguieron siendo enterrados en la meseta de Guiza, mientras que las tumbas reales de Saqqara y Abusir permanecían en un glorioso aislamiento. Sin embargo, las tumbas de los funcionarios de las dinastías V y VI son maravillosas obras de arte y ofrecen una visión extraordinariamente íntima de la vida egipcia de la época. Las escenas muestran la presentación de ofrendas, con hileras de portadores de ofrendas pintados que llevan los alimentos hacia la puerta falsa de la cámara funeraria, asegurando el servicio del propietario en la otra vida.

Muchos funcionarios contaban su vida en las paredes de sus tumbas y mostraban sus actividades de ocio —caza, caza de aves, pesca, música, juegos de mesa y banquetes— y la extensión de sus propiedades agrícolas. Las tumbas utilizan la escala jerárquica, que es una forma básica del arte egipcio. El propietario de la tumba se muestra a gran escala, su esposa e hijos a menor, y sus sirvientes en miniatura. (La misma regla se aplica en las esculturas del nomo de Menkaura, donde los dioses son ligeramente más pequeños que él y también se muestran detrás de él).

La agricultura era productiva, aunque la tecnología era limitada. Los arados eran todavía muy básicos, hacían un surco poco profundo, y muchos agricultores seguían utilizando azadas. Se utilizaban hoces de madera con afilados dientes de sílex, que se insertaban para cortar los tallos de trigo. La harina se molía en morteros de piedra caliza, que dejaban la harina arenosa cuando la piedra blanda se rompía. Esta era una de las razones por las que tantas momias tienen los dientes en mal estado.

La apicultura se practicaba en el Reino Antiguo. Se utilizaban tubos de cerámica como colmenas. El hábito de comer dulces podía ser un defecto común de los egipcios de clase alta y no podía ayudar a los problemas dentales causados por el pan arenoso.

Algunos historiadores creen que la burocracia se volvió demasiado eficiente, permitiendo al faraón retirarse a su palacio y vivir la gran vida en lugar de necesitar realmente gobernar. Por ejemplo, una de las mejores tumbas de Saqqara es la de los dos manicuristas del faraón

Niuserre Ini, Jnumhotep y Nianjjnum. (Para ser justos con ellos, ostentaban otros títulos, como escriba y sacerdote del sol).

Ptahshepses, otro funcionario de Niuserre, era su barbero, manicurista, guardián del tocado, visir y jefe de justicia. Sin embargo, esto podría reflejar el hecho de que el faraón, al ser un dios, no podía ser tocado por quienes no fueran ritualmente puros. En lugar de seleccionar a su peluquero para que se convirtiera en un alto funcionario, podría haber seleccionado a altos funcionarios para que se convirtieran en sus asistentes personales.

Tanto si Egipto se había vuelto decadente como si no, parece que se agotó a finales de la dinastía V. Las pirámides se hicieron más pequeñas y también estaban peor construidas, con núcleos de ladrillo o escombros en lugar de piedra. Quizá el gran periodo durante el que se construyeron las pirámides de Guiza había vaciado la economía. Tras la muerte de Pepi II, uno de los últimos faraones de la dinastía VI, las cosas empezaron a desmoronarse. Pepi había gobernado durante sesenta y cuatro o quizá incluso noventa y cuatro años; quizá se había hecho demasiado viejo para ejercer el poder de forma responsable. El problema con los reyes-dioses es que nadie puede decirles que deben dimitir.

Esto marcó el final del Reino Antiguo e inició lo que se conoce como el Primer Periodo Intermedio. Egipto se vio amenazado por la consolidación del poder en Nubia, al sur, mientras los nomarcas, gobernantes de los nomos, aumentaban su poder a expensas de la autoridad central. Las tumbas de los nobles en Asuán muestran cómo funcionarios como Hirjuf, que trajo un pigmeo para Pepi II, de seis años, decidieron que preferían ser enterrados en tumbas excavadas en la roca, en sus casas, en lugar de en mastabas cerca del faraón.

Los reyes de corta duración establecieron el poder en sus propias ciudades y fragmentaron Egipto. Hubo gobernantes separados en Menfis, Heracleópolis y Tebas, y muchos de los faraones de la séptima y octava dinastía solo se conocen a través de la lista de reyes que Seti I creó en Abidos. De hecho, la dinastía VII parece haber sido completamente espuria, mientras que la mayoría de los reyes de la dinastía VIII ni siquiera duraron un año. En la dinastía X, los faraones solo gobernaban el Bajo Egipto, y el resto del país estaba bajo control tebano.

Y fue en Tebas donde los acontecimientos empezaron a tomar un giro ascendente. Ahora es el momento de avanzar rápidamente hasta el comienzo del Reino Medio para presenciar un cambio dramático en la historia de Egipto.

Capítulo 3: Faraones del Reino Medio

Curiosamente, la dinastía XI no comenzó con un faraón. Comenzó con un nomarca llamado Intef de Tebas. Nominalmente, habría servido a las órdenes de un faraón; sin embargo, la descomposición del poder real y la fragmentación de Egipto le permitieron gobernar Tebas de forma relativamente independiente.

Intef nunca reclamó el trono. Nunca adoptó el nombre de Horus ni inscribió su nombre en un cartucho. Sin embargo, los miembros posteriores de la dinastía XI lo consideraron un padre fundador y siempre le rindieron respeto. Consiguió mantener unidas las provincias del sur de Egipto y construir los cimientos de un Estado fuerte. Así que, en cierto modo, la dinastía XI comienza con él.

Su hijo, Mentuhotep I, es una figura sombría. Su nombre de Horus, Tepia, «el antepasado», podría habérsele dado póstumamente como muestra de respeto. El hijo de Mentuhotep, Sehertauy Intef I, estableció a la familia como faraones. Intef I reivindicó la realeza cuando tomó su nombre de Horus, «hacedor de paz en las dos tierras». Dado que en aquel momento solo poseía una de las dos tierras y estaba en guerra con Coptos, una región situada al norte, su nombre de Horus se basaba más en una aspiración que en un hecho. A su muerte, le sucedió su hermano, que también recibió el nombre de Intef.

Intef II conquistó la zona meridional hasta la primera catarata en Elefantina. Es posible que incluso controlara parte de Nubia. Intef II también extendió su dominio hacia el norte, tomando Abidos, aunque esto aún dejaba la parte septentrional de Egipto en manos de los gobernantes de Heracleópolis, reconocidos como la dinastía X. Gobernó durante casi cincuenta años y dejó el trono a su hijo, Intef III.

El hijo de Intef III, Mentuhotep II, fue el faraón que reunificó Egipto. Esta es la razón por la que el periodo del Reino Medio comienza a mediados de la dinastía XI y no con el nomarca Intef.

De hecho, el Reino Medio comienza realmente a mitad del largo reinado de Mentuhotep. Llevaba catorce años al frente del reino del sur antes de que una incursión procedente del norte lo obligara a entrar en guerra con sus vecinos. La necrópolis real de Abidos había sido profanada por el ejército del Bajo Egipto, y él no podía dejar que aquello quedara impune. Sus ejércitos barrieron el norte, tomando la capital septentrional, Heracleópolis (cerca de la actual Beni Suef). La muerte de Merikara, el rey del Bajo Egipto, dejó a los norteños sin líder, y Mentuhotep pudo recuperar el delta del Nilo. Adoptó entonces un nuevo nombre de Horus, Semertauy, «el que une las dos tierras».

Mentuhotep hizo dos cambios que aseguraron el éxito de la dinastía tebana. En primer lugar, creó una fuerte política de centralización, reorganizando el país y creando gobernadores para las dos tierras que mantuvieran a los nomarcas bajo control. En segundo lugar, se embarcó en lo que hoy llamaríamos una gran campaña de relaciones públicas, encargando monumentos a su persona por todo el país como «el dios viviente, el primero de los reyes». Se hizo representar llevando los tocados normalmente asociados a los dioses Min y Amón.

El dios original de Tebas era Montu, un dios de la guerra. (El nombre Mentuhotep, nombre de nacimiento del faraón, significa «Montu está satisfecho».) Sin embargo, el dios creador Amón fue adquiriendo cada vez más prominencia en el transcurso del Primer Periodo Intermedio, y es probable que Mentuhotep promoviera bastante el culto a Amón. Al mismo tiempo, evolucionó el dios compuesto Amón-Min, que unía al creador con el dios de la fertilidad. Naturalmente, Tebas se convirtió en la capital efectiva de Egipto, y el sacerdocio de Amón fue un gran beneficiario de la generosidad de los faraones del Reino Medio.

Mentuhotep creó un enorme monumento conmemorativo para sí mismo, que es uno de los grandes monumentos de la necrópolis tebana. Situó su templo mortuorio en Deir el-Bahari, frente a Tebas, de modo que se encontraba en la ruta de la Bella Fiesta del Valle. Cada año, la estatua de Amón era llevada por el río desde el templo de Karnak. De hecho, el templo de Mentuhotep se convirtió en el destino final de la procesión.

El templo mortuorio de Mentuhotep era a la vez innovador e impresionante, aunque hoy solo quedan los cimientos. La mayoría de los visitantes del templo de Hatshepsut en Deir el-Bahari ni siquiera echan un vistazo a las ruinas del templo de Mentuhotep. Delante del templo había un jardín sombreado por higueras de sicomoro y tamariscos, y el camino de entrada al templo del valle estaba custodiado por estatuas sedentes de Mentuhotep. Las estatuas de la izquierda llevaban la corona blanca y las de la derecha la roja, destacando así su reunificación del país.

El templo se abría con un pórtico, que daba a un patio, cuyo centro estaba completamente ocupado por un edificio macizo. Este se ha interpretado como la base de una pirámide maciza, símbolo del montículo primigenio o *ben-ben*, que se elevaba sobre las aguas y sobre el que Amón realizó el acto de la creación. Sin embargo, esto no está confirmado; el edificio podría haber tenido un tejado plano.

Detrás, se excavó un segundo patio en los acantilados. Mientras que la primera parte del templo estaba dedicada a Montu, esta parte estaba dedicada a Amón. Una sala hipóstila conducía al santuario. La tumba propiamente dicha se excavó profundamente bajo el centro de este templo. Los relieves muestran aquí al rey no como receptor de ofrendas, sino como dador de ofrendas a los dioses, lo que se convirtió en iconografía estándar para los futuros faraones. El faraón también ha sido reducido a su tamaño; ostenta el poder por la gracia de los dioses en lugar de ser un dios.

Mentuhotep construyó nuevos templos en Abidos, Asuán, Dendera, Gebelein, Elkab y, sobre todo, Karnak. Sin embargo, su éxito como gobernante puede medirse por el hecho de que, aparte de su templo mortuorio, muy pocos de sus monumentos sobrevivieron. Paradójicamente, su reconstrucción de la administración y la economía egipcias hizo que los gobernantes posteriores de Tebas fueran lo suficientemente ricos como para reconstruir ampliamente, demoliendo la obra de Mentuhotep para construir más grande y mejor.

Mentuhotep III era probablemente bastante maduro cuando sucedió a su padre, que había gobernado durante cincuenta y un años. Egipto estaba ahora en paz, por lo que Mentuhotep III pudo mirar hacia el exterior, enviando una expedición a la Tierra de Punt (las actuales Etiopía y Somalia). Los tres mil hombres que envió bajo el mando de su mayordomo Henenu regresaron con incienso y perfume. También cavaron pozos en Uadi Hammamat, la ruta principal hacia el mar Rojo, para facilitar el paso a futuras expediciones.

Nombres reales

Una vez que la titulatura real estuvo plenamente establecida, cada faraón adoptó cinco nombres.

El primero de ellos era el nombre de Horus; este era el que se utilizaba en la mayoría de las inscripciones, no el nombre personal del rey. Se refería al nombre del faraón como el dios Horus.

El segundo era el nombre de las Dos Damas, que mostraba al faraón en relación con las dos diosas del Bajo y Alto Egipto, Uadyet y Nejbet, representadas por la serpiente y el buitre.

El tercer nombre era el nombre de Horus de oro del faraón. El significado exacto de este nombre aún no está claro.

El cuarto nombre, el nombre del trono, a veces denominado *prenomen*, se anunciaba en la coronación. Por último, el quinto nombre era el nombre real de nacimiento del faraón.

Un par de ejemplos de la titulatura completa son los siguientes:

Horus, Toro Fuerte, cuyas imágenes nacen; cuyas leyes son buenas, que pacifica a todos los dioses; que reúne el orden divino, que complace a los dioses; Re se manifiesta como señor; Imagen viva de Atón. (Tutankamón)

El toro fuerte que apareció en Tebas y sostiene las dos tierras; renovando nacimientos, el de brazos fuertes que ha repelido los nueve arcos; que tiene repetidas apariciones, fuerte de tropas en todas las tierras; eterna es la verdad de Ra; Seti amado de Ptah. (Seti I)

Las referencias egipcias solían hacerse a los faraones por su nombre de Horus, pero los historiadores griegos y posteriores solían utilizar el nombre de nacimiento del rey. Esto hace difícil conciliar las listas de reyes y las inscripciones con los nombres que Manetón da porque escribió en griego o con los relatos de la historia egipcia procedentes de fuera de Egipto.

Parece que hubo una crisis en la sucesión, ya que Mentuhotep IV (hijo o hermano de Mentuhotep III) falta en varias listas de reyes. No reinó mucho tiempo, y sabemos de él por unas pocas inscripciones de su reinado. En su segundo año, envió una expedición a Uadi Hammamat al mando de su visir, Amenemhat.

No hay absolutamente ninguna información sobre lo que ocurrió después. Parece que hubo algún conflicto. La tumba de un gobernador regional llamado Jnumhotep en Beni Hasan contiene escenas de egipcios atacando a egipcios, y el gobernador cuenta una historia de navegación hacia el sur con Amenemhat. Posiblemente, Mentuhotep IV eligió a su visir como próximo rey, o tal vez Amenemhat tomó el poder por su cuenta.

En cualquier caso, Amenemhat I fundó la dinastía XII. Tomó el nombre de Horus Sehetepibtauy, «el que ha apaciguado el corazón de las dos tierras», y «el unificador» como su nombre de Horus de Oro; puede que sintiera que tenía algo que demostrar. La *Profecía de Neferti* también podría datar de su reinado. La historia está ambientada en la época del faraón Seneferu («los buenos tiempos») y predice el advenimiento del rey Ameny, que rescatará a Egipto de la invasión de extranjeros hostiles.

Amenemhat pudo haber tenido dificultades para imponer su gobierno. Al cabo de unos veinte años de reinado, hizo a Sesostris I (también conocido como Senusert) su cogobernante, y los dos reyes compartieron el gobierno durante aproximadamente una década. El cogobierno permitió al siguiente faraón establecerse firmemente en su lugar antes de la muerte del otro cogobernante, facilitando la transición entre reyes. Se convirtió en una característica común de las dinastías futuras.

El cogobierno funcionó ciertamente para Amenemhat, aunque no del modo que él había esperado. Varias fuentes sugieren que Amenemhat fue asesinado mientras Sesostris estaba ausente de la capital. Sin embargo, Sesostris consiguió conservar el poder.

A mitad de su gobierno, Amenemhat trasladó la capital de Tebas a Ity-tauy («conquistador de las dos tierras», cerca de El Cairo). Evidentemente, se había dado cuenta de que tener su sede exclusiva en Tebas podía ser un obstáculo para gestionar todo Egipto, ya que Tebas estaba demasiado al sur. Amenemhat también reforzó las defensas del país en las fronteras, construyendo fuertes a lo largo del lado este del delta del Nilo y recuperando el control del fuerte de Buhen, que dominaba el acceso sur a Egipto. Parece que fue un gobernante inteligente y puso a Egipto en la senda del éxito.

Cambios culturales

Durante el Reino Medio se produjeron algunos cambios importantes en el pensamiento religioso. Por ejemplo, el culto a Osiris se generalizó debido a su promesa de resurrección. El hermano de Osiris, Seth (o Set), conspiró contra él, construyendo un cofre de madera con las medidas exactas de Osiris. Luego ofreció el cofre como premio a cualquiera que cupiera en él (similar al zapato de cristal de Cenicienta). En cuanto Osiris entró, Seth cerró el cofre y lo envió navegando mar adentro. El cofre apareció en la costa del Líbano, donde con el tiempo creció un enorme cedro a su alrededor.

Un día, el cedro fue talado para hacer el pilar central del palacio del rey. Isis, la esposa de Osiris, descubrió dónde estaba el cofre y consiguió recuperar el cuerpo de Osiris y llevarlo de vuelta a Egipto. Seth estaba indignado. Cortó el cuerpo de Osiris en pedazos y los arrojó por todo Egipto. Isis recogió pacientemente los restos, todos excepto su pene, que no pudo encontrar. Tras transformarse en un milano (ave rapaz), revivió el cuerpo mágicamente y quedó fecundada por él. Dio a luz al dios Horus, el dios halcón.

Como rey de los muertos, Osiris ofrecía a todos los egipcios, no solo al faraón, la esperanza de una vida después de la muerte. Los ritos funerarios que en un principio eran exclusivos del faraón se democratizaron (al menos para las clases altas). Sin embargo, al mismo tiempo, apareció una barrera importante: la idea de un juicio final. Se pensaba que el corazón del difunto se pesaba con una pluma. Solo aquellos cuyos corazones pesaban lo mismo que la pluma podían vivir para siempre con Osiris. A estas almas puras se las llamaba «justificadas» o «verdaderas de voz».

Durante el Reino Medio apareció el amuleto del corazón. Su finalidad era evitar que el corazón diera falso testimonio al ser pesado. Los escarabeos también entraron en uso común como amuletos por esta época.

Los Textos de las Pirámides, que estaban restringidos a los faraones, fueron sustituidos por los Textos de los sarcófagos, que incluían algunos de los mismos hechizos mágicos. En esta época, el cadáver solía ser colocado de lado mirando hacia el este, con ojos pintados en el sarcófago para que pudiera «ver».

El otro recién llegado fue el *shabti*, una figurita que en un principio podría haber servido de momia «de repuesto» en caso de que la tumba fuera destruida. Más tarde se consideró como un sirviente para el *ka* de una persona. Los *shabtis* recibían pequeñas herramientas y tenían inscripciones que les indicaban que debían presentarse para recibir órdenes si se requería que el difunto realizara algún trabajo en la otra vida.

Sesostris I construyó el templo de Amón-Re en Karnak, conocido como Ipet-Isut, «el lugar elegido». Envió diecisiete mil mineros a Uadi Hammamat para que trajeran piedra para la construcción del templo. El eje norte-sur del templo está alineado con la tumba de Mentuhotep en Deir el-Bahari y chocaba con la orientación existente de la ciudad.

Solo sobrevive una capilla de alabastro de la obra original de Sesostris, y es exquisita. En realidad fue demolida y utilizada como escombros en un edificio posterior, pero las piezas fueron redescubiertas en la década de 1920 y montadas de nuevo. Los relieves son de muy alta calidad y muestran al faraón abrazando a los dioses Amón, Horus, Min y Ptah. Un elemento especialmente interesante es la enumeración de los cuarenta y dos nomos de Egipto alrededor de la base de los muros. Al igual que las tríadas de nomo de Menkaura, la capilla de Sesostris muestra todas las provincias que estaban al servicio del faraón.

Sesostris I gobernó casi medio siglo y volvió a poner a Egipto en una senda ascendente. Subyugó Nubia, construyendo fortalezas a lo largo del río y tomando posesión hasta la segunda catarata. Nubia se convirtió en la principal fuente de oro de Egipto, ya que los recursos del desierto oriental se acercaban a su agotamiento. Egipto también comerciaba con Creta, Mesopotamia y Siria. Miles de esclavos asiáticos llegaron a Egipto como resultado de estas expediciones.

A Sesostris le sucedió Amenemhat II, que realizó varias expediciones mineras al Sinaí y llevó a cabo importantes obras de construcción. Amenemhat estableció un corregimiento con Sesostris II, que desarrolló la agricultura en el Fayún, un humedal al oeste del Nilo. Creó canales de drenaje y una presa para regular el flujo de agua, recuperando tierras pantanosas y convirtiéndolas en tierras de cultivo. La pesca en el lago se convirtió en una industria importante.

La ciudad de Kahun se construyó alrededor de esta época, y su trazado planificado, dividido en zonas para oficiales y para otras clases, se convirtió en típico de la dinastía XII. Egipto se había enriquecido bastante a estas alturas; así, incluso las familias de obreros ordinarios tenían a menudo espejos en sus casas, y las calles estaban todas drenadas por un desagüe central. Muchas casas estaban abovedadas con arcos de adobe. En Kahun se encontró un papiro con consejos para ginecólogos que incluía varios métodos anticonceptivos. Aunque no todos los medicamentos sugeridos habrían sido eficaces, se trata de una obra notablemente pragmática con instrucciones para el diagnóstico que muestran una aguda observación.

Kahun fue erigida para los hombres que trabajaban en la pirámide de Sesostris II en El Lahun. La ciudad fue abandonada posteriormente, lo que la convierte en un yacimiento arqueológico especialmente interesante. En esta fecha ya se conocían las herramientas de metal, pero las de piedra seguían utilizándose con más frecuencia. El tallado del sílex era un oficio muy especializado.

Puede que los habitantes de Kahun trabajaran duro, pero también sabían divertirse. Las excavaciones sacaron a la luz juguetes, como muñecas de madera pintada y fustas, así como el *senet*, un juego de mesa.

A Sesostris II le sucedió su hijo Sesostris III, a quien algunos egiptólogos consideran el mejor gobernante de la dinastía XII. Sin embargo, otros lo consideran un déspota absoluto cuya propaganda no difiere de la empleada por Kim Jong Un:

«Cómo se regocija Egipto en tu fuerte brazo:

has salvaguardado sus tradiciones»[i].

---

[i] Wilkinson, Toby A. H. *The Rise and Fall of Ancient Egypt: The History of a Civilization from 3000 BC to Cleopatra*. Bloomsbury Publishing, Londres, 2010.

Las estatuas de Sesostris II son interesantes porque a menudo lo muestran con las orejas y los ojos salientes, lo que lo hace parecer un anciano cansado. Se ha sugerido que este estilo pretendía mostrar que siempre estaba vigilando y siempre escuchando. Bajo Sesostris, no era el gran hermano, sino más bien el gran faraón.

Sesostris III abolió el poder de los nomarcas, que había sido una de las razones de la fragmentación del Primer Periodo Intermedio. Centralizó la burocracia provincial en su corte, de modo que los nomarcas se vieron obligados a vivir allí, sin darles la oportunidad de establecer una base de poder regional.

Continuó la labor de pacificación de Nubia, que volvía a rebelarse, y completó la red de fuertes nubios. Esto le proporcionó un sistema de vigilancia que aseguraba un férreo control de la frontera. Sus inscripciones muestran un enfoque de las expediciones extranjeras que solo puede describirse como guerra total. «Me he llevado a sus mujeres y me he llevado a sus dependientes, he irrumpido para [envenenar] sus pozos, he ahuyentado a sus toros, he arrancado su cebada y le he prendido fuego»[i].

Los faraones del Reino Medio siguieron construyendo pirámides, aunque ninguna de ellas se acercó a la de Keops en tamaño. Sesostris III construyó su complejo piramidal en Dahshur, que incluía siete pirámides subsidiarias para sus reinas, así como un templo mortuorio. El resurgimiento de las pirámides podría haber tenido la intención de ser un mensaje propagandístico que vinculara a la dinastía XII con el Reino Antiguo. Sesostris III incluyó incluso dos sarcófagos de la dinastía III en su complejo, intentando incorporar a la obra la autoridad del gran Zoser.

Sesostris III cogobernó durante algún tiempo con su hijo Amenemhat III, que continuó el desarrollo de Fayún y construyó dos pirámides. Fue el primer gobernante desde Seneferu que no se contentó con una sola. Una pirámide estaba en Dahshur, la acrópolis real tradicional, pero la otra estaba en Hawara, en Fayún, lo que demuestra lo importante que era para él este «nuevo» distrito de Egipto.

El gobierno de Amenemhat III marcó una verdadera edad de oro para Egipto, con la entrada de riquezas del extranjero y el aumento de la

---

[i] Wilkinson, Toby A. H. *The Rise and Fall of Ancient Egypt: The History of a Civilization from 3000 BC to Cleopatra.*

fertilidad de la agricultura de Fayún. Amenemhat llevó a cabo una expedición a Punt, procurándose incienso y metales preciosos.

Sin embargo, tras el gobierno de estos grandes faraones, Egipto volvió a caer en tiempos difíciles. Al parecer, Amenemhat IV gobernó solo ocho años tras la muerte de Amenemhat III. El trono fue ocupado entonces por una mujer, Sobekneferu (o Neferusobek), lo que no era habitual. Sobekneferu podría haber sido la hermana o la esposa de Amenemhat IV.

Sobekneferu fue la primera mujer en asumir el pleno título real, con el nombre de Horus de Merytra, «amada de Re». Su nombre de nacimiento hace referencia al dios cocodrilo Sobek, al que se rendía culto en la zona de Fayún. Se hizo representar con atuendo masculino, aunque de forma plenamente femenina.

Sobekneferu solo conservó el poder durante cuatro años. Su tumba aún no ha sido encontrada. Tras su reinado, la dinastía XII llegó a su fin y comenzó el Segundo Periodo Intermedio. Durante este periodo, muchos reyes ya estaban envejeciendo cuando subieron al trono, y pocos gobernaron durante más de unos pocos años. Los logros que los grandes reyes de la dinastía XII habían conseguido en Nubia se dieron por perdidos, y lo que era peor, había gente nueva en la zona: los hicsos.

Hicsos no es más que una versión griega del nombre egipcio para los extranjeros, *Heka Khasut*. Los hicsos eran probablemente tribus semíticas procedentes del Levante. Aunque los hicsos, al igual que los nubios, se convirtieron en sinónimo de invasores extranjeros amenazantes, no existen pruebas arqueológicas de una destrucción masiva. Los hicsos podrían haber emigrado a Egipto a través del delta del Nilo, donde se encontraba su capital de Avaris (Hut-Waret).

Aunque Egipto en el Reino Medio se había enriquecido, no había desarrollado la misma tecnología que los hicsos. De hecho, los hicsos se adelantaron a Egipto, aportando nuevas ideas como el arco compuesto, el carro tirado por caballos y la armadura corporal.

La historia egipcia rara vez es sencilla. Y la historia se vuelve realmente difícil de seguir en el Segundo Periodo Intermedio. De nuevo, Egipto estaba dividido, con una línea de reyes tebanos, así como una dinastía (sin numerar) de Abidos en el sur. La dinastía XIV (cananea) en el delta del Nilo fue sucedida por la dinastía XV (hicsos). Los tebanos se convirtieron en la dinastía XVI, pero acabaron siendo conquistados por la dinastía XV. Al echar un vistazo a la lista de reyes del Alto Egipto, en realidad parece como si el tiempo corriera hacia atrás.

Aunque los cananeos tenían nombres semíticos como Yakbim y Ya'ammu, adoptaron nombres egipcios para el trono como Sekhaenre y Nubwoserre. Jyan, probablemente el quinto de los faraones cananeos, adoptó el título real Ineqtaw Seuserenre Jyan, «el que ha abrazado las tierras, el que Ra ha hecho fuerte»

Tebas continuó siendo gobernada por egipcios, entre ellos Intef V, Intef VI e Intef VII; sus nombres se remontan obviamente al establecimiento del Reino Medio por otra dinastía tebana. Sin embargo, parece que estos reyes recibían órdenes de los hicsos. Existe una historia de Seqenenra y Apofis (Apep) en la que el rey hicso exige a Seqenenra que cierre el estanque de los hipopótamos en Tebas. Apofis dijo que podía oír el ruido desde Avaris y que le estaba arruinando el sueño.

Finalmente, uno de ellos se quebró. Jaemuaset Seqenenra Tao, octavo faraón de la dinastía XVII (que gobernó desde Tebas), marchó sobre los hicsos. Su momia está desfigurada por heridas masivas en la cabeza, probablemente hechas por una lanza y/o un hacha. Su cuerpo también parece haber sido momificado de forma deficiente y apresurada, cuando ya se había iniciado la descomposición.

Jaemuaset Seqenenra Tao podría haber muerto en la batalla, pero sus brazos están completamente ilesos; parece que no tuvo la oportunidad de defenderse. Se ha sugerido que fue capturado en una escaramuza contra los hicsos y ejecutado ceremonialmente en el campo de batalla. Eso explicaría también el retraso en el inicio del proceso de momificación.

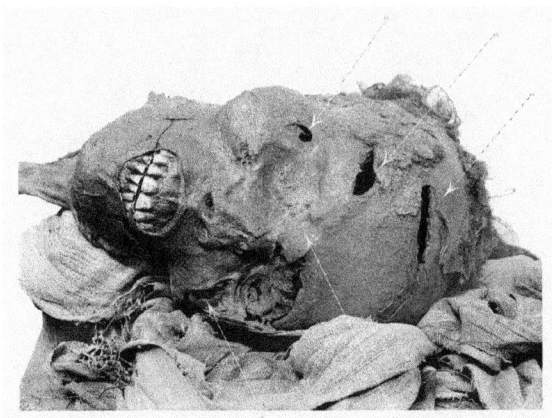

La momia de Seqenenra Tao; no es una visión bonita[6]

Kamose, hijo de Seqenenra Tao, continuó la lucha contra los hicsos, remontando el Nilo y tomando por turno cada ciudad o guarnición hicsa. También hizo campaña en Nubia, y parece que en algún momento de su corto reinado, de solo cinco años, nombró a su hermano, Amosis, corregente.

Kamose pudo haber muerto en batalla; fue enterrado en un sarcófago desprovisto de oro, lo que sugiere que nunca tuvo tiempo de completar su tumba y ordenar su equipo funerario. Su hermano, Amosis I, tuvo mejor suerte. Expulsó a los hicsos de Egipto e inició la dinastía XVIII y el Imperio Nuevo. Empujó hacia el norte a lo largo del Nilo, pero en lugar de dirigirse a la capital hicsa de Avaris, la circunvaló para tomar la ciudad fronteriza de Tjaru. Esto aisló a los hicsos de cualquier posible ayuda de los cananeos. La campaña fue registrada por Amosis, hijo de Ebana, que la escribió en las paredes de su tumba en El Kab.

Amosis se casó con varias de sus hermanas, siendo Amosis-Nefertari su esposa principal. También construyó la última pirámide real existente en Abidos. Debió de ser una pirámide notablemente empinada a juzgar por las dos hileras de piedras de revestimiento que quedan; por desgracia, la pirámide se derrumbó antes de los tiempos modernos, por lo que ahora es apenas un pequeño montículo. Su culto continuó en Abidos, al menos hasta la época de Ramsés II; esto demuestra por sí solo que Amosis era considerado uno de los más grandes reyes de Egipto. Esta pirámide fue la última que se construyó como parte de un complejo mortuorio en Egipto, y marca el final de una era y el comienzo de una nueva.

Capítulo 4: Hatshepsut y Akenatón

Amosis I fue el primer faraón del Imperio Nuevo. Aparte de las pirámides, los monumentos y artefactos egipcios más conocidos —la máscara funeraria de Tutankamón, el templo de Karnak y las tumbas del Valle de los Reyes— datan de este periodo, que vio el apogeo del poder y la riqueza egipcios.

El Imperio Nuevo vio nacer aspiraciones imperiales. Extender las fronteras de Egipto era un nuevo deseo. Los egipcios querían algo más que comerciar con otros países; también querían incorporarlos formalmente al reino egipcio.

En el Imperio Nuevo se impusieron restricciones mucho mayores a las mujeres de la realeza. Ya se practicaba el matrimonio entre hermanos, manteniendo a las hermanas del faraón en la familia, pero a las mujeres de la realeza ya no se les permitía casarse fuera de la familia bajo ningún concepto. El hijo del rey era también su yerno. No existía la posibilidad de que un funcionario casado con una princesa intentara hacerse con el poder en nombre de su esposa.

Sin embargo, paradójicamente, algunas de las mujeres más poderosas de la historia de Egipto vivieron durante el Imperio Nuevo. La primera de ellas fue Ahhotep, la madre de Amosis I; había llevado las riendas del poder, que posiblemente compartió con su madre, Tetisheri, durante la infancia de su hijo. También siguió siendo influyente durante su vida adulta. Ahhotep fue enterrada con un collar de moscas, que era el premio supremo al valor en la batalla, y una estela la describe como la gobernante de Egipto que había unido al pueblo, frase que suele utilizarse para describir al faraón.

Amosis se casó con su hermana Amosis-Nefertari, que heredó los mismos títulos que Ahhotep (hija del rey, hermana del rey y gran esposa del rey). Sin embargo, también recibió el título de esposa del dios Amón, lo que la convirtió de hecho en la jefa conjunta de Karnak y creó fuertes vínculos entre el dios del Estado y la familia del rey. Este cargo proporcionó a las esposas reales una plataforma de poder, especialmente durante las regencias. Amosis-Nefertari fue probablemente el poder detrás del trono durante el reinado temprano de Amenofis I.

Amenofis I introdujo un cambio importante en la arquitectura funeraria. Desde el Reino Antiguo, la tumba del rey había estado asociada a una mastaba, una pirámide o un templo mortuorio. Sin embargo, los ladrones de tumbas se habían convertido en una amenaza. Amenofis decidió combatir a los bandidos, colocando la tumba y el templo mortuorio en lugares diferentes y manteniendo en secreto el emplazamiento de la tumba. De hecho, ocultó la tumba tan bien que aún no ha sido encontrada.

Para que el emplazamiento de la tumba permaneciera secreto, se necesitaba un enfoque diferente. El sistema de trabajos forzados del Reino Antiguo no funcionaría. Bajo Amenofis o quizás su sucesor, Tutmosis I, se fundó una aldea de trabajadores de tumbas llamada Set-Maat, «el lugar de la verdad»; su nombre moderno es Deir el-Medina. Los trabajadores especializados, incluidos los talladores de piedra y los pintores, vivían en la aldea detrás de muros de adobe y el Estado les proporcionaba los bienes que necesitaban a cambio de su trabajo. A diferencia de la mayoría de los trabajadores, no tenían tiempo (ni tierra, ya que la aldea estaba en un valle rocoso) para cultivar sus propios alimentos. Más tarde, Amenofis I fue venerado como un dios en Deir el-Medina, lo que sugiere que fue el patrón fundador de la aldea.

Aunque la mayoría de los monumentos de Amenofis I fueron sustituidos por construcciones posteriores, ni el Valle de los Reyes ni ninguno de los edificios de Karnak tendrían el aspecto que tienen hoy sin su aportación. Construyó una enorme puerta de pilón en Karnak, marcada como «horizonte», para convertir el templo en un microcosmos, el lugar por donde salía y se ponía el sol. También creó un nuevo santuario de barca de alabastro. Veía su Egipto como un retorno a los «buenos tiempos» de la dinastía XII, que había terminado casi tres siglos antes de que comenzara su reinado.

Amenofis parece no haber tenido hijos, ya que asoció a Tutmosis, ya de mediana edad, con él durante su gobierno (sus nombres aparecen juntos en la barca de alabastro que Amenofis regaló al templo de Karnak). Se trataba de una forma imaginativa de reutilizar el cogobierno que Amenemhat había otorgado a Sesostris para abordar el principal problema de una realeza hereditaria: la posible falta de un sucesor legítimo. Amenofis probablemente ya conocía bien a Tutmosis por haber trabajado con él. Hizo una buena elección.

Tutmosis I expandió el imperio egipcio, derrotando al reino de Kush para expandirse en Nubia. Arrastró sus barcos por los peligrosos rápidos de la tercera catarata y tomó Kerma, la capital kushita. Después tomó la ruta del desierto hasta un poco más allá de la cuarta catarata, donde grabó una enorme inscripción en la roca de cuarzo de Hagar el-Merwa. Su hija, Hatshepsut, estaba con él cuando llevó a los ejércitos de Egipto más al sur de lo que habían estado nunca. Su nombre figura en la inscripción.

Tutmosis se adentró entonces en Mesopotamia hacia el este, donde el reino Mitani se estaba haciendo más poderoso. Naturalmente, talló una enorme estela junto al Éufrates para dejar constancia de su campaña. También hizo campaña en Siria y Líbano. Los tributos de sus conquistas crearon riqueza y condujeron a una expansión económica masiva. Aumentó el flujo de materiales procedentes del este y del sur, incluido el cedro del Líbano para la construcción y el oro, los esclavos, el ganado, el marfil y el ébano de Nubia. Durante la época de Tutmosis, las herramientas de metal se hicieron más populares que las de piedra en las ciudades y aldeas obreras. Egipto había dado por fin un gran salto tecnológico.

Tutmosis I fue el primer faraón que construyó una tumba en el Valle de los Reyes (por lo que sabemos). Ineni, su supervisor de proyectos, hizo hincapié en el carácter secreto del lugar:

> «Inspeccioné la excavación de la tumba acantilada de su majestad, solo, sin que nadie me viera, sin que nadie me oyera... Fue una obra de mi corazón, mi virtud fue la sabiduría; no me fue dada una orden por un anciano. Seré alabado a

causa de mi sabiduría al cabo de los años, por aquellos que imiten lo que he hecho»[i].

El reinado de Tutmosis duró poco más de una década, ¡pero qué década fue! Sin embargo, sus planes de sucesión se desbarataron. Sus dos hijos mayores, Uadymose y Amenmose, habían sido ascendidos a puestos que normalmente se otorgaban a un sucesor previsto, como el de gran general del ejército, pero ambos murieron. Probablemente murieron a los veinte años. Esto dejó solo al joven Tutmosis II, que posiblemente no gozaba de la mejor salud. Estaba casado con Hatshepsut, la hija mayor de Tutmosis I, lo que la convertía en su hermanastra. (La madre de Hatshepsut era Amosis, la gran esposa real de Tutmosis I, mientras que Tutmosis II era hijo de una esposa menor, Mutnefert). Tuvieron una hija, Neferura, pero parece que Tutmosis murió tras reinar solo tres años (algunos historiadores creen que gobernó trece o posiblemente incluso dieciocho años). Su heredero, Tutmosis III, era hijastro de Hatshepsut, y probablemente solo tenía dos años cuando se convirtió en faraón.

Hatshepsut se convirtió en la regente de su hijastro, al igual que había hecho su madre, Amosis, durante el reinado de Tutmosis II. Las dos mujeres eran innegablemente poderosas. Sin embargo, Hatshepsut era diferente. Tomó el nombre y los atributos de una faraona y gobernó por cuenta propia. Se hizo coronar y reconoció a su madre Amosis como madre del rey. Era la reina Hatshepsut; no existía la palabra egipcia para «reina», y lo que ahora llamaríamos una reina tenía el título de esposa del rey o madre del rey.

Poco a poco, Hatshepsut fue desarrollando su imagen. Al principio, se la representaba como una mujer que llevaba la corona *atef* (cuernos de carnero y plumas altas), pero más tarde, se hizo retratar como totalmente masculina, vistiendo la falda del faraón y una barba postiza. Poco a poco fue adquiriendo atributos cada vez más masculinos. Las primeras estatuas de Osiris de su templo funerario tenían la piel amarilla (convencionalmente femenina), pero las posteriores adoptaron plenamente el ocre rojo de la masculinidad.

Hatshepsut aprovechó todas las posibilidades que pudo para apuntalar su lugar como faraona. Por ejemplo, aunque se presentó a sí misma como la sucesora de Tutmosis I, también creó la historia de su

---

[i] Brier, Bob. *The Murder of Tutankhamun: A True Story*. Pág. 34.

nacimiento divino. Representa a la madre del rey, Amosis, recibiendo el *ankh* de la vida de manos de Amón, que se disfraza de marido de la reina. Como hija de Amón, Hatshepsut podía legitimar su reinado. Era Useretkau Uadyetrenput Necheretjau Maatkara Jenemetamón Hatshepsut, «poderosa de Ka, floreciente de años, divina de apariencia, el alma de Ra es la verdad, unida a Amón, la primera de las damas nobles».

Fue una digna sucesora de su padre, Tutmosis I, aunque se dedicó más al comercio que a la guerra. Patrocinó una importante expedición a Punt; árboles de incienso y otras rarezas fueron llevados de vuelta a su corte. Las expediciones anteriores a Punt habían sido realizadas por reyes exitosos, como Pepi I, Mentuhotep II, Amenemhat I y Sesostris I, por lo que al realizar dicha expedición, afirmó su legítimo lugar en la línea de sucesión.

Hatshepsut trajo a su propia camarilla de funcionarios, que incluía a Hapuseneb como primer profeta de Amón. Hapuseneb asumió todos los títulos relacionados con el templo. También fue supervisor de otros templos y centralizó el estamento religioso egipcio de una forma nueva. Amosis Pen Nekhbet se convirtió en el tesorero de Hatshepsut; era un noble y antiguo comandante militar. Nombró a Useramen como su visir en el sur.

Sin embargo, el más famoso de sus funcionarios fue Senenmut. Fue el arquitecto del complejo funerario de Hatshepsut, así como su visir. Senenmut era de baja cuna, pero es evidente que en esta época, la burocracia podía utilizarse como una forma de enriquecer el estilo de vida de una persona. Era un hombre de la nada, lo que significaba que no tenía otras lealtades.

Senenmut también fue un innovador. Por ejemplo, como tutor de la hija de Hatshepsut, Neferura, se hizo retratar sosteniendo a la niña real o sosteniendo un criptograma del nombre de Hatshepsut. Fue el primer no faraón que separó la capilla funeraria de su tumba, aunque otros no tardaron en copiarle. También diseñó el asombroso templo mortuorio de Deir el-Bahari para Hatshepsut, con sus rampas ascendentes y pórticos con columnatas bajo una media luna de la pared del acantilado. En los jardines situados frente al templo se plantaron árboles de incienso procedentes de Punt y, excepcionalmente, los relieves tallados no celebran una campaña bélica, sino la famosa expedición a Punt.

El templo mortuorio de Hatshepsut en Deir el-Bahari⁷

Hatshepsut continuó construyendo en Karnak. Creó el enorme octavo pilono, la primera estructura monumental de arenisca, y la capilla Roja, que estaba hecha de cuarcita de color rojo intenso. También encargó los dos grandes obeliscos para Karnak.

El templo de Karnak era de gran importancia para ella; había sido la esposa divina de Amón antes de pasar el título a su hija Neferura. También afirmaba que Amón la había marcado para gobernar en una visión. La barca del dios, que contenía su imagen, se negó a realizar su circuito regular por el templo y obligó a los sacerdotes a llevársela a Hatshepsut. En la capilla de Maat, Amón la invistió como esposa del dios.

¿Fue solo propaganda o Hatshepsut se lo creyó? Nunca lo sabremos. Pero lo interesante es que su hijastro, Tutmosis III, reivindicó la inspiración divina en una inscripción en Karnak. La barca de Amón rodeaba una sala del templo donde los jóvenes hijos de Tutmosis II habían sido llevados para elegir sucesor. La barca se inclinó ante el príncipe infante.

Hatshepsut reinó durante veintidós años y desapareció de la historia en 1458 a. e. c. Quizá la oposición a una gobernante femenina permitió a Tutmosis III reclamar el gobierno en solitario. Una inscripción inusual en su templo funerario dice: «Aquel que le rinda homenaje vivirá, aquel que hable mal blasfemando de su Majestad morirá». Esto puede ser una señal de conflictos posteriores en su reinado. O tal vez simplemente murió. Difícilmente podía tener mucho más de cincuenta años, y es posible que fuera incluso más joven.

Aunque parece que Tutmosis III rindió el debido respeto a Hatshepsut al principio de su reinado, más tarde decidió borrar sus inscripciones y su imagen. Terminó su capilla Roja, pero cinco años más tarde tomó la decisión de destruirla. Veinticinco años después de su muerte, decidió destruir todo rastro de ella como rey. Sin embargo, las imágenes de ella como gran esposa real permanecieron intactas.

Tutmosis III expandió Egipto hasta su máxima extensión durante su reinado de cincuenta y cuatro años. Era deportista, soldado, atleta y hombre fuerte. Disparaba una flecha a través de una diana de cobre y cazaba elefantes como su abuelo, Tutmosis I. Tutmosis III también se presentaba como un genio militar. En catorce campañas distintas hacia el norte, derrotó al creciente poder de Mitani y luego marchó hacia el este. Levantó una estela junto a la inscripción de su abuelo en el Éufrates. Tutmosis III era algo arriesgado. Cuando sus comandantes le aconsejaron tomar una de las dos rutas «más seguras» hacia Megido, insistió en tomar el paso más directo pero peligroso y estrecho a través de las montañas, lo que le permitió sorprender a las fuerzas cananeas y derrotarlas.

Trajo esposas sirias y también fundó un harén en Medinet el-Gurob. No era solo un lugar para las mujeres de la familia real; también era un importante centro de producción textil. Tutmosis III creó una lista de reyes en su salón de Festivales de Karnak. En ella solo aparecen sesenta y un gobernantes desde Seneferu hasta Tutmosis III, dejando fuera a las tres primeras dinastías, a la mayor parte de la dinastía XIII y a Hatshepsut. Debemos recordar que las listas de reyes no son tanto un documento histórico como un documento político e ideológico que pretendía legitimar al gobernante, situándolo en una línea legítima ininterrumpida. En este caso, la lista de reyes pretendía dar un codazo a la mujer que había sido su cogobernante.

Tal vez la decisión de borrar la memoria de Hatshepsut estuvo motivada por la muerte de su hijo mayor, el príncipe heredero Amenemhat. En su lugar, el mucho más joven Amenofis II fue anunciado como cogobernante con Tutmosis y se convirtió en su sucesor final. Fue otro faraón belicoso cuyas campañas orientales aportaron una enorme riqueza a Egipto.

Su sucesor, Tutmosis IV (habrá notado la falta de imaginación en las convenciones de nomenclatura en la dinastía XVIII), tiene una pretensión única. Cuando estaba de caza en Guiza, el dios Horemakhet, «Horus del horizonte», le habló, prometiéndole la realeza si rescataba a la Esfinge de la arena que la cubría. Es posible que usurpara el trono a sus hermanos mayores.

Amenofis III, hijo de Tutmosis IV, promovió proyectos de construcción, creando gran parte del templo de Lúxor. Aunque era el heredero legítimo, adoptó la idea de la concepción divina de Hatshepsut en los relieves, que muestran cómo fue concebido por Amón. A Amenofis se lo llama a veces el «rey sol», muy parecido al glorioso monarca Luis XIV de Francia. También era adorador de Amón-Re (o Amón-Ra). Amenofis III tomó el título de «deslumbrante disco solar de toda la tierra».

Amenofis III continuó la tendencia expansionista del Imperio Nuevo, aunque hizo grande a Egipto a través de la diplomacia y no de la guerra. Su única acción militar fue una escaramuza punitiva a pequeña escala en Nubia. Se casó con la hermana del rey Tushratta de Mitani y tomó otra esposa de Babilonia, aunque su gran esposa real era hija de un plebeyo. Su nombre era Tiy o Tiye. También se casó con dos de sus propias hijas, Sitamun e Iset, pero su petición de «enviar mujeres muy hermosas, pero ninguna con voz chillona» indica que acabó sintiéndose como un gallinazo[i].

Su reinado fue testigo de un gran auge de la construcción. Construyó templos en Heliópolis, Elefantina, El Kab, Menfis y Tebas. Como ya se ha mencionado, creó un nuevo templo en Lúxor, que originalmente solo había sido el santuario que marcaba el final del festival de Pet, durante el cual dos barcazas transportaban las imágenes de Amón y Mut en su luna de miel al «harén del sur». Inusualmente, el templo de Lúxor tenía un patio abierto, lo que refleja el uso que Amenofis III hizo de la teología solar. También creó una avenida de esfinges que conectaba los templos de Karnak y Lúxor. En el festival de Opet, el faraón entró en comunión

---

[i] Redford, Donald B. *Akhenaten: The Heretic King*. Princeton University Press, Princeton, 1984. Pág. 37.

con el dios Amón-Re cuando su barca fue introducida en el templo; salió de la intimidad del santuario rejuvenecido por el *ka* de Amón-Re.

Amenofis construyó el palacio de Malkata frente al templo de Lúxor. La reina Tiye mandó construir un lago en el que navegar con su barcaza «Aten brilla». Aunque el dios Atón, el disco solar, había sido adorado desde la dinastía XII, este fue su salto a la fama. Amenofis construyó ciudades-templo por toda Nubia como centros de comercio, integrando a Nubia en la religión y la sociedad egipcias.

Amenofis era un maestro de la propaganda, y sacó escarabeos conmemorativos tallados con los principales acontecimientos de su reinado. Hay una inscripción que dice: «Recuento de los leones que Su Majestad ha abatido mediante tiro con arco personal desde el año 1 hasta el año 10: 102 leones feroces»[i].

Sin embargo, su momia cuenta una historia diferente. Cuando Amenofis III murió, estaba gordo y calvo. Tenía mala dentadura y dolorosos abscesos en la boca. En el momento de su muerte, alrededor del año 1352 a. e. c., fue momificado utilizando una nueva técnica. Los embalsamadores inyectaron resinas bajo la piel para dar a su momia un aspecto más real.

A Amenofis III no le sucedió su hijo mayor, que murió joven, sino el muy conocido Amenofis IV.

Si no ha oído hablar de Amenofis IV, quizá sea porque cambió su nombre de nacimiento por el de Akenatón, «eficaz para Atón» o «espíritu vivo de Atón». También cambió todos sus otros nombres regios, excepto el de su trono, Neferjeperura.

Akenatón podría haber suprimido muchos de los registros de la primera parte de su reinado, ya que existe un extraño hiato entre la muerte de su padre y sus primeros registros como Akenatón. Patrocinó el culto a Atón, que había sido muy querido por su padre y su madre, pero también intentó suprimir todos los demás dioses. Esto creó una forma de monoteísmo, algo que era completamente ajeno al pensamiento egipcio. Hasta la época de Akenatón, el sincretismo había permitido a un nuevo dios popular fundirse con uno o varios de los dioses más antiguos, como había hecho Amón con Min y Re. Akenatón excluyó a todas las demás deidades del culto a Atón.

---

[i] Redford, Donald B. *Akhenaten: The Heretic King*. Pág. 38.

Akenatón también trasladó la capital de Tebas, la ciudad de Amón, a la nueva ciudad de Ajetatón (la actual Tell el-Amarna). Las estelas fronterizas de Ajetatón delimitan un área enorme. Todas ellas estaban talladas con viñetas de la familia real adorando al dios sol. Todos los patios de los templos solares de Akenatón estaban abiertos al cielo. En Amarna, hay 365 mesas de ofrendas a cada lado del templo principal. Akenatón también construyó templos al disco solar en Heliópolis y Menfis, así como en Nubia. En Karnak, hizo recortar las inscripciones para mostrar su nuevo nombre. Nombró nuevos oficiales para su gabinete, entre ellos a Ay, posiblemente emparentado con la madre de Akenatón, Tiye, y parece que siempre iba acompañado de tropas. Tal vez su gobierno no fuera seguro.

Todo el arte egipcio es arte religioso, por lo que los enormes cambios religiosos introducidos por Akenatón exigieron un cambio de estilo artístico. Se abolió el canon regular de proporciones y se representó a la familia real con rostros alargados, enormes nalgas y brazos y piernas delgados como palos. Por primera vez se crearon escenas íntimas de la familia real en lugar de solo escenas de ofrendas o de guerra. Mientras que algunos relieves mantienen las proporciones jerárquicas regulares del faraón más grande, la reina más pequeña y las princesas mucho más pequeñas, otros muestran a Akenatón y Nefertiti del mismo tamaño, lo que fue revolucionario. En cierto modo, la familia real se convirtió en los representantes del pueblo egipcio, y Akenatón en el único intercesor, haciendo de la familia real la única vía por la que el común de los mortales podía obtener la bendición de Atón.

Una nueva iconografía: Akenatón y su familia adorando el disco solar de Atón⁹

Atón se muestra solo como un disco solar, con los rayos alcanzando a la familia real. No hay ninguna figura humana del dios; es una pura abstracción. Hay un rechazo positivo de la mitología en la forma en que se le muestra. Incluso se cambian pequeños detalles; en los sistros, instrumentos de percusión tintineantes utilizados por las mujeres egipcias, la cabeza de la diosa vaca Hathor, que siempre los había decorado, fue sustituida por una flor.

Akenatón sigue siendo un enigma. Algunos lo ven como el primer monoteísta, un profeta visionario, junto con su esposa, Nefertiti. El egiptólogo estadounidense Bob Brier piensa en él como un desertor californiano; el egiptólogo canadiense Donald Redford cree que era estúpido, mezquino y egoísta. El historiador inglés Cyril Aldred cree que fue un gobernante ilustrado cuyos ideales fueron traicionados por hombres más pequeños. Los registros históricos muestran que Akenatón delegó el gobierno en mucha mayor medida que los faraones anteriores y descuidó la política exterior, pero ¿se debió esto a que vivía en un sueño o en éxtasis religioso o a que pensaba que el funcionariado debía hacer su trabajo? Por supuesto, es posible que simplemente no le importara lo suficiente. Akenatón parece tentadoramente cercano en los relieves de su familia, pero, en última instancia, el hombre tras la imagen del faraón sigue siendo incognoscible. Su lema, «Vivir en la verdad», es conmovedor, pero ¿qué verdad vivió?, no lo sabemos realmente.

Incluso el estilo Amarna desconcierta a los egiptólogos. El egiptólogo británico Dominic Montserrat compara el estilo Amarna con el realismo socialista, una representación totalitaria e idealizada del mundo. Brier cree que el faraón padecía el síndrome de Marfan, que afecta al tejido conjuntivo del cuerpo y hace que las extremidades sean alargadas y las articulaciones débiles y flojas. Tal vez el tratamiento del faraón tuviera la intención de mostrarlo no en un cuerpo «humano», sino en uno divino.

En los últimos años de su reinado, Akenatón vio cómo la peste asolaba la tierra. Cuatro de sus hijos murieron. Su madre, Tiye, murió el mismo año que su hija, Meketatón. En 1336 a. e. c. (o quizá 1334; las fechas exactas son difíciles de encontrar cuando se mira tan lejos en el pasado), Akenatón fue a reunirse con Atón después de gobernar durante diecisiete años.

Lo que ocurrió después es difícil de dilucidar. Parece ser que hubo un faraón llamado Semenejkara, que posiblemente había sido cogobernante con Akenatón. Se casó con la hija de Akenatón, Meritatón. Pudo haber sido hermano o hijo de Akenatón. Le sucedió (o posiblemente le precedió) una faraona llamada Neferneferuatón, que podría haber sido Nefertiti o Meritatón. Para dejar las cosas aún menos claras, Semenejkara y Neferneferuatón compartían el mismo nombre de trono, Ankhkheperure. Ninguno de estos faraones gobernó mucho tiempo. Semenejkara ha sido identificado con la momia masculina hallada en un ataúd de mujer en la tumba KV55, pero no se sabe con certeza si el cuerpo es el suyo. La momia de la KV55 también ha sido identificada como Akenatón, que fue enterrado de nuevo tras el abandono de Amarna. (Como puede deducir, este periodo de la historia egipcia está lleno de incertidumbre).

El siguiente faraón tomó el trono con el nombre de Nebkheperure, «señor de las formas de Re». Se casó con la tercera hija de Akenatón, Anjesenamón, que ya había estado casada con dos faraones, su padre Akenatón y su posible hermanastro Semenejkara. Tres años más tarde, Nebkheperure trasladó la capital de Ajetatón de nuevo a Tebas, y se reanudó el culto a los antiguos dioses. El experimento de Akenatón en Amarna había fracasado.

Probablemente no haya oído hablar de Nebkheperure. Llegó al trono siendo un niño, en torno a los ocho o nueve años, y solo reinó durante nueve o diez años. Fue un faraón relativamente poco importante.

Sin embargo, es uno de los faraones más famosos debido a la conservación casi inmaculada de su tumba. Aunque puede que no lo conozca por su nombre de trono, es más que probable que le conozca por su nombre de nacimiento, Tutankatón, o, como fue rebautizado posteriormente, Tutankamón.

Capítulo 5: El niño rey: El reinado de Tutankamón y su tumba

Tutankamón debe su fama a un accidente y al hecho de que Ramsés VI decidiera crear una tumba más arriba, en la ladera del Valle de los Reyes. Los escombros de las excavaciones simplemente se deslizaron ladera abajo, cubriendo el acceso a la tumba de Tutankamón con una gruesa capa de cascotes de piedra caliza y protegiéndola de los ladrones de tumbas. Así, cuando Howard Carter descubrió la tumba en 1922 (avisado por un joven egipcio, Hussein Abd el-Rassul), estaba prácticamente intacta.

Pero sin el descubrimiento de las cosas maravillosas que Carter vio en el interior de la tumba, Tutankamón habría sido un rey relativamente insignificante. De hecho, es posible que nunca hubiéramos sabido nada de él. Su nombre, al igual que el de Akenatón y Hatshepsut, fue omitido de las listas de reyes que elaboraron Seti I y Ramsés II. En 1905, James Henry Breasted publicó su extensa historia de Egipto basada en inscripciones que había copiado durante más de once años; Tutankamón obtuvo menos de una página.

Tutankamón solo tenía ocho o nueve años cuando accedió al trono. Es probable que el verdadero poder detrás del trono fuera Ay, un alto funcionario bajo Akenatón. Es probable que fuera el tío abuelo de Tutankamón, hermano de Tiye, aunque a veces se ha especulado con que era el padre de Nefertiti (su esposa era su madre o su nodriza).

El reinado de Tutankamón continuó donde lo había dejado Amenofis III. Las innovaciones de Akenatón fueron deshechas, una a una. El gran templo de Atón en Karnak fue desmantelado, y los *talatat* (bloques de construcción muy pequeños, inusuales en Egipto y que distinguían la obra del reinado de Akenatón) fueron reutilizados en otras construcciones. La capital se trasladó de nuevo a Tebas y se restableció el culto a Amón. Comenzó una nueva campaña de construcción en Lúxor, donde Tutankamón hizo terminar las obras de Amenofis III. También terminó la avenida de las Esfinges. Una esfinge solitaria tiene el rostro de Tutankamón.

Tutankamón erigió una estela, conocida como la Estela de la Restauración, en Karnak. En ella se afirmaba que «Él restauró todo lo que estaba arruinado, para que fuera su monumento por siempre jamás. Él... ha devuelto a Maat a su lugar»[i]. Todos los problemas de Egipto se achacaban al cierre de los templos. Dado que los templos eran centros económicos que poseían granjas e instalaciones de producción, es muy probable que esto fuera cierto y no solo una afirmación teológica. Los ingresos de los templos se restablecieron e incluso aumentaron bajo Tutankamón.

Se restableció la procesión de Karnak a Lúxor durante el festival de Opet, lo que debió de ser una decisión popular entre la población local, ya que el festival incluía once días de banquetes pagados por el faraón.

Sin embargo, debió de resultar algo confuso para el joven faraón. Nunca había conocido otro culto que el de Atón, por lo que todos estos dioses y ritos habrían sido bastante nuevos para él.

A pesar de los cambios, hubo una impresionante continuidad de personal en el nuevo régimen. Ay ya se había construido una excelente tumba en Amarna, lo que demostraba su alto estatus como funcionario bajo Akenatón, pero renunció a ella y construyó otra en el oeste del Valle de los Reyes. Horemheb, general de Akenatón, continuó sirviendo bajo los cuatro faraones siguientes. Maya, que se convirtió en supervisor del tesoro bajo Tutankamón, podría haber trabajado bajo Amenofis III y conservado su puesto durante los dos faraones siguientes a Tutankamón[ii].

---

[i] Booth, Charlotte *The Boy Behind the Mask: Meeting the Real Tutankhamun*. Oneworld, Oxford, 2007.

[ii] Por cierto, la tumba de Maya en Saqqara es interesante por la luz que arrojan sus

La tumba KV62, la tumba de Tutankamón, probablemente no fue originalmente una tumba real. La tumba está menos profusamente decorada que otras tumbas reales de la época, por lo que podría haber estado destinada originalmente a Ay o a otro alto funcionario. Tutankamón ya había ordenado que se preparara una tumba más grande para él —la mayoría de los faraones empezaban a trabajar en sus tumbas y templos mortuorios en cuanto se ponían la doble corona—, pero es posible que no estuviera terminada o que fuera requisada por uno de sus sucesores.

Sin embargo, se dice que las mejores cosas vienen en paquetes pequeños. Cuando Carter descubrió la tumba, la encontró abarrotada de artefactos increíbles, desde estatuillas doradas hasta maquetas de barcos, camas portátiles y carros desmontados. También había 413 *shabtis* y 26 jarras de vino. (Eso es solo un poco más de la mitad de la cantidad de vino que se enterró con «Escorpión» en la tumba U-j de Abidos. Quizá el rey Tut no era un gran bebedor).

La tumba estaba abarrotada de objetos, lo que puede reflejar el hecho de que toda la panoplia de equipo funerario del faraón se vio forzada a entrar en una tumba mucho más pequeña de lo habitual. Si las tumbas de otros faraones del Imperio Nuevo hubieran llegado intactas hasta nosotros, probablemente habríamos visto contenidos similares, pero dispuestos de forma más ordenada. Carter tardó diez años en catalogar el contenido de la tumba; había 5.398 objetos.

Hubo otras rarezas sobre el entierro de Tutankamón. Al parecer, Tutankamón fue enterrado después de los setenta días habituales tras la muerte. Fue enterrado nueve o diez meses después, según Toby Wilkinson. Y los embalsamadores hicieron un trabajo mediocre. Consiguieron destrozar parte de su cráneo y vertieron tanta resina que la momia quedó efectivamente pegada a su ataúd con caramelo negro. (Sin embargo, la mejor conservación de otras momias del Imperio Nuevo en el alijo de Deir el-Bahari podría deberse a que fueron sacadas de sus ataúdes relativamente pronto, antes de que las resinas se endurecieran demasiado).

---

inscripciones sobre el turismo del antiguo Egipto. Menciona a «los que quieren divertirse en el oeste», turistas que querían visitar Guiza y Saqqara para ver los monumentos antiguos.

Algunos de los artefactos de la tumba fueron fabricados originalmente para sus predecesores, Akenatón y Neferneferuatón. Algunos de estos objetos llevan los nombres de esos faraones, mientras que otros fueron reinscritos. Puede que hubiera algo de prisa por amueblar la tumba. Menos de la mitad de las cajas de comida contienen realmente lo que está escrito en la etiqueta, por lo que es evidente que algo había salido mal.

Todas estas rarezas sugieren que la muerte de Tutankamón fue inesperada. Algunos egiptólogos creen que fue asesinado o que murió unos meses después de que un accidente de equitación le lesionara una pierna. Sin embargo, la peste se había llevado a muchos miembros de la familia real que vivían en Amarna. Tutankamón no era el individuo más sano; tenía un pie zambo, una sobremordida y un ligero paladar hendido. También había sufrido repetidos episodios de malaria. Quizá fue la malaria lo que acabó con él. A pesar de los diversos análisis de la momia, la causa de su muerte sigue siendo incierta. Solo sabemos que tenía unos diecinueve años cuando murió.

Tutankamón no era el solo habitante de su tumba. Dos fetos momificados fueron enterrados con él; es posible que fueran sus hijas nacidas muertas. Como nunca llegaron a respirar, no se les puso nombre. Simplemente se las etiquetó como «Osiris», el dios renacido.

Otros miembros de su familia también estaban presentes en espíritu. Una serie de pequeños ataúdes contenían un mechón de pelo de su abuela Tiy, y también había recuerdos de Amenofis III. ¿Fueron inclusiones accidentales o Tutankamón atesoraba estos recuerdos de sus antepasados?

Anjesenamón, la esposa de Tutankamón (y posiblemente su hermana), también está presente en la tumba, ya que aparece retratada junto a su marido en varios objetos. Ambos aparecen juntos en escenas íntimas que recuerdan mucho al estilo de Amarna. Ella regala flores a Tutankamón, le entrega una flecha para que dispare, le ofrece un loto, le sujeta el brazo y se inclina hacia delante para tocarle el hombro.

Es tentador leer esto como la historia de un matrimonio joven y enamorado. Carter ciertamente lo hizo, al considerar que la guirnalda floral colocada sobre el ataúd exterior había sido dejada por una joven viuda afligida. Sin embargo, lo cierto es que para entonces, Anjesenamón ya había estado casada con su padre y probablemente había tenido dos abortos (si es que era la madre de los dos fetos de la tumba de su marido). La aparente intimidad de estas escenas puede ser tan engañosa como los mensajes de poder y majestuosidad contenidos en las habituales imágenes faraónicas de abatir enemigos o hacer ofrendas a los dioses.

La tumba de Tutankamón nos dice mucho más sobre la vida cotidiana en el Imperio Nuevo que sobre el adolescente que fue enterrado en ella, debido a la amplia naturaleza de los artefactos que contiene. Por ejemplo, la tumba contenía arcos compuestos, que eran más eficaces que los arcos anteriores de una sola pieza. Demuestran una transferencia tecnológica bastante reciente desde Oriente Próximo, al igual que los carros que Egipto había tomado de los hicsos. La tumba contenía muebles ligeros hechos para una corte peripatética y cofres para la ropa blanca del faraón. Sí, es cierto; incluso sabemos cómo era la ropa interior de Tutankamón.

(El libro de Toby Wilkinson *Las trompetas de Tutankamón* utiliza los artefactos de la tumba de Tutankamón para contar la historia de Egipto. Es una gran lectura comprimida si viaja a Egipto por primera vez y quiere comprender la cultura del antiguo Egipto).

Al igual que con Akenatón, es difícil saber exactamente qué ocurrió tras la muerte de Tutankamón. Las pruebas son parciales y pueden interpretarse de diferentes maneras. Sin embargo, hay dos cosas seguras.

La primera es que una gran esposa real envió una carta a Suppiluliuma, el hitita, tras la muerte de su marido, pidiéndole que le diera a uno de sus hijos como esposo. Tras comprobar la situación, envió a su hijo Zannanza. Sin embargo, Zannanza fue asesinado nada más entrar en Egipto. La carta sobrevivió en los archivos hititas de Hattusa; lamentablemente, no se identifica a la gran esposa real.

La segunda es que Ay, el visir de Tutankamón, le sucedió como faraón, aunque no era de sangre real. Ay aparece en la tumba como el semisacerdote vestido con piel de leopardo. Llevó a cabo el importante ritual de la «apertura de la boca» en el funeral de Tutankamón; este rito lo realizaba casi siempre el hijo mayor y sucesor del faraón. Al asumir ese papel, Ay se hizo efectivamente con el poder. Después se casó con Anjesenamón, que podría haber sido su nieta, aunque su primera esposa, Tey, se convirtió en la gran esposa real. Solo Tey aparece en su tumba.

El egiptólogo estadounidense Bob Brier está seguro de que Tutankamón fue asesinado, y defiende con argumentos que Ay fue el asesino y que se deshizo de Anjesenamón en cuanto el traspaso de poder estuvo asegurado. Sin embargo, son posibles otras interpretaciones. Tal vez Anjesenamón estaba tomando la dirección que había tomado Hatshepsut, con el objetivo de gobernar por derecho propio. Tal vez Ay fue empujado al puesto por los demás funcionarios de la casa real. Tal vez querían asegurarse de que Egipto nunca volviera a la herejía de Atón o cayera de nuevo en el caos.

Ay solo reinó durante tres años. Se las arregló para conseguir una tumba más bonita que la de su predecesor; de hecho, se ha sugerido que Tutankamón fue enterrado en la tumba que Ay había empezado a construir para sí mismo y que Ay se hizo cargo de la tumba que Tutankamón había empezado en WV23.

Al parecer, Ay designó a su hijo, Nakhtmin, como sucesor. Sin embargo, a la muerte de Ay, el general Horemheb se convirtió en faraón. Nakhtmin desapareció sin dejar rastro.

Horemheb es probablemente el más interesante de los tres faraones mencionados en este capítulo. A diferencia de Ay, que no era de sangre real, pero al menos pertenecía a la nobleza, Horemheb era un plebeyo. Había surgido de la nada, al igual que el mayordomo de Hatshepsut, Senenmut. En realidad, Tutankamón había hecho a Horemheb su heredero, aunque Ay se las había arreglado de algún modo para tomar el relevo. (Horemheb podría haber estado fuera en una campaña militar en ese momento).

Horemheb fechó su gobierno desde el final del reinado de Amenofis III, borrando de un solo golpe de cincel a los cuatro reyes y treinta años anteriores. Purgó la burocracia e instaló una estela en Karnak para dejar constancia de sus reformas. También reformó el ejército y restauró el sacerdocio de Amón en Karnak. Horemheb nombró sacerdotes a muchos de sus propios oficiales para mantener el control de la institución.

Durante el periodo de Amarna, Egipto había perdido territorio. Horemheb recuperó gran parte de él. Volvió a poner a Egipto en equilibrio tras el caótico periodo de Amarna y sus secuelas. E hizo una cosa más, de enorme importancia para el camino que Egipto iba a tomar en el futuro. Aunque Horemheb carecía de hijos, nombró a un sucesor maduro que no solo era su visir y un experimentado comandante del ejército, sino que también tenía un hijo y un nieto como herederos potenciales. Este hombre era Piramessou o Paramessu. Se convirtió en el faraón Ramsés I e inició una nueva dinastía.

Capítulo 6: Ramsés II el Grande: El legado de un faraón

Ramsés I se veía a sí mismo devolviendo a Egipto su grandeza pasada, por lo que seleccionó sus nombres reales para que se ajustaran a ello. Su título recuerda al de Amosis I, fundador de la dinastía XVIII y del Imperio Nuevo, así como conquistador de los hicsos. Quizá como norteño (solo un norteño llamaría a su hijo «Seti» en honor al dios Seth), sintió que necesitaba un poco más de legitimidad. Sus nombres completos eran Kanajt Uadynesyt, Jaemnesumitem, Semenmaat Jettauy, Menpehtyra, Ramesesu: «Horus el toro fuerte, floreciente en la realeza, ascendiendo como rey como Atum, restaurando a Maat en las dos tierras, establecido por la fuerza de Re, engendrado por Ra».

Ramsés podría haber sido, hasta cierto punto, un sustituto, pues ya era bastante mayor cuando fue nombrado heredero de Horemheb. El hijo de Ramsés, Seti, heredaría obviamente el trono en pocos años. Seti era ya un joven prometedor; actuó como visir bajo Horemheb, así como bajo su padre. Ramsés I no tardó en convertirlo en su cogobernante. Seti emprendió en poco tiempo una incursión en territorio cananeo, ganando relativamente poco terreno, pero enviando una advertencia a los reinos levantinos de que el imperio egipcio estaba de vuelta.

Ramsés comenzó la sala hipóstila de Karnak, pero murió en el segundo año de su reinado. Al igual que Tutankamón, acabó enterrado a toda prisa en una tumba inconclusa (KV16), que contaba con una única sala. Ni siquiera hubo tiempo de tallar su sarcófago, por lo que hubo que pintarlo con las inscripciones rituales. Evidentemente, se pintaron demasiado deprisa, ya que contenían muchos errores. Su momia dio mucho que hablar, lo que lo convirtió (póstumamente) en el más viajero de todos los faraones. Primero fue trasladada al alijo de Deir el-Bahari, y después fue robada y vendida a Estados Unidos. Tras muchos años en el Museo de las Cataratas del Niágara y luego en Atlanta, fue finalmente repatriado en 2003. Ahora descansa en el Museo de Lúxor.

Este capítulo trata de Ramsés el Grande, Ramsés II, pero podría decirse que Seti I también merece el título de «Grande». Sus títulos de trono eran más agresivos que los de su padre, haciendo hincapié no solo en un renacimiento, sino también en la vuelta a la expansión del imperio: «El toro fuerte que aparece en Tebas y sostiene las dos tierras; renovando los nacimientos [es decir, un renacimiento], el de brazo fuerte que ha repelido a los nueve arcos [enemigos de Egipto]; el que renueva las coronas, el que subyuga a los nueve arcos en todas las tierras; establecida está la verdad de Ra; Seti amado de Ptah».

Su nombre en el trono, Menmaatra, lo toma prestado de los dos reyes más grandes de la dinastía anterior: Tutmosis III (Menkheperre, «establecido es la manifestación de Ra») y el «rey sol», Amenofis III (Nebmaatre, «Ra es el señor de la verdad»). A diferencia de los faraones anteriores, Seti no miraba hacia la edad de oro del Reino Antiguo; sus objetivos se limitaban a recuperar la riqueza y el estatus de Egipto antes del hereje Akenatón.

Antes de convertirse en faraón aspirante, Seti se casó con la hija de un oficial del ejército, Tuya. Su hijo, Ramsés, parece que también lo hizo, ya que su esposa, Nefertari, nunca utilizó el título de hija del rey, aunque probablemente pertenecía a una de las familias de la élite. Curiosamente, aunque Seti quería restaurar las convenciones artísticas anteriores a Amarna, fue bastante innovador en sus propias representaciones. Decidió mostrarse luciendo un peinado trenzado que era popular en el ejército.

Seti I, con su nariz aguileña y su pelo rojo brillante, debió de ser un hombre llamativo. Su momia posee una serena dignidad que resulta inolvidable. Fue un gran trabajador, llevando a cabo importantes acciones militares e iniciando un amplio programa de obras de construcción. Mantuvo al antiguo visir, Nebamun, que había estado en su puesto desde la época de Horemheb. Más adelante en su reinado,

Seti ascendió a visir a Paser, hijo del sumo sacerdote de Amón y uno de los compañeros íntimos de Ramsés. Esta parece haber sido una sabia elección. Al igual que Seti, Paser estaba impulsado por una visión de la edad de oro de Egipto. La biografía de su tumba afirma: «Que se haga igual que en la antigüedad»[i].

Seti I tomó el Sinaí y lo agregó a Egipto, luego avanzó hasta Damasco, al norte. Sin embargo, no pudo atacar a los hititas en su sede de poder, ya que había disturbios en Libia y en el oeste de Egipto que debía atender. Como norteño, Seti conocía bien el delta del Nilo, y creó un nuevo palacio real en Avaris (Hut-Waret), la antigua capital hicsa en el lado oriental del delta. No se trataba solo de una casa de vacaciones en su antiguo país, sino que se convirtió en un importante campamento de concentración para las campañas hacia el este y el norte, y allí se instalaron instalaciones metalúrgicas a gran escala que permitieron la producción masiva de armas.

Se construyó un fuerte en Tjaru, en el camino hacia el norte de Palestina, para proteger el acceso de Egipto a la zona. Una segunda campaña hacia el norte aseguró la ciudad de Qadesh, donde Seti erigió una estela para celebrar su conquista. Seti también construyó fuertes en Nubia al sur y en Libia al oeste.

En Nubia, Seti se enfrentó a una rebelión del viejo enemigo de Egipto. En lugar de utilizar la fuerza bruta y atacar a las fuerzas asentadas en los oasis del desierto, sentó las cosas en sus fortalezas, obligando al enemigo a venir hacia él. Cuando lo hicieron, se encontraron atrapados sin acceso al agua. Aquí, al igual que en Palestina, Seti pudo consolidar lo que se habían convertido en frágiles territorios egipcios.

Al mismo tiempo, Seti comenzó a construir. Reabrió las canteras de Gebel el-Silsila y Asuán para proporcionar arenisca y granito a su programa de construcción. Terminó la gran sala hipóstila de Karnak, con sus enormes columnas en forma de papiro y escenas en relieve que muestran sus victorias. Aparece la figura de su hijo Ramsés, luchando junto a él en los relieves; sin embargo, al igual que no se puede confiar en todo lo que se lee en los periódicos, tampoco se puede confiar en todo lo que se ve esculpido en la pared de un templo. En realidad,

---

[i] Nielsen, Nicky. *Pharaoh Seti I: Father of Egyptian Greatness*. Pen & Sword History, Barnsley, 2018.

Ramsés modificó los relieves para incluir su nombre, metiéndose a sí mismo en la batalla «con Photoshop».

Seti creó un templo mortuorio para sí mismo en Lúxor en un emplazamiento ligeramente inusual en Gurna, que estaba más al norte que la mayoría de los templos mortuorios, pero en la ruta procesional que conectaba Karnak con los templos de Mentuhotep y Hatshepsut en Deir el-Bahari. Esta era la ruta de la procesión de Amón durante la Bella Fiesta del Valle. Seti dotó al templo de un muro de recinto fuertemente fortificado, rememorando los recintos de las primeras dinastías, y construyó un palacio adyacente al patio delantero. El arte durante el reinado de Seti estaba delicadamente tallado en relieves elevados; fue un punto álgido del arte egipcio, aunque era innegablemente más conservador que el arte de los años de Amarna.

La tumba de Seti I fue una de las más grandes y profundas jamás construidas en el Valle de los Reyes. También fue una de las más decoradas. Sus once cámaras tienen los techos pintados con estrellas doradas sobre fondo azul, con decoraciones que incluyen la letanía de Ra, que muestra al faraón unido al dios del sol, pasando de la noche a la mañana. También hay escenas del Amduat, el crucial «mapa» de la vida después de la muerte del Imperio Nuevo, y del ritual de la «apertura de la boca», así como numerosas representaciones de Seti con diversos dioses. Sin embargo, la tumba fue evidentemente robada en algún momento. La momia de Seti fue encontrada en el alijo de Deir el-Bahari, donde los sacerdotes la habían llevado para custodiarla. Su sarcófago de alabastro fue llevado a Londres en 1821, y fue rechazado por el Museo Británico, que pensó que era demasiado caro, 2.000 libras (hoy cerca de 2,5 millones de dólares). En su lugar, lo compró un arquitecto llamado sir John Soane, que lo instaló en su casa de Londres, donde aún puede verse hoy.

Aunque la tumba había sido saqueada, se encontraron setecientos *shabtis* del faraón cuando se excavó en 1917. Evidentemente, ¡Seti no pensaba hacer ningún trabajo en la otra vida!

Seti construyó un enorme templo en Abidos, al que llamó «Menmaatre feliz en Abidos», junto con una tumba hundida detrás del templo llamada «Menmaatre benéfica a Osiris» (conocida hoy como el Osireion). Esta no era la tumba en la que se enterraría el cuerpo de Seti, pero se colocó allí un cenotafio que afirmaba la identidad de Seti con Osiris. Se construyó en un estilo arcaico, tal vez copiando el templo del valle de Kefrén en Guiza.

El templo de Abidos es extremadamente innovador. Sus dos salas hipóstilas conducen no a uno, sino a siete santuarios para Osiris, Isis, Horus, Amón-Re, Re- Horajty, Ptah y el deificado Seti. Detrás de esos santuarios, a los que se accede por un estrecho pasadizo, hay salas y capillas dedicadas al culto de Osiris. Otro conjunto de salas se encuentra en un lateral, dando al templo una extraña forma de L, con capillas dedicadas a Ptah y Nefertum y una galería que contiene una lista de reyes.

La lista de reyes es interesante. Comienza con «Menes» (Narmer) y llega hasta Seti I, a quien se muestra adorando los cartuchos de sus predecesores. En la misma galería, se muestra al joven Ramsés de joven con la coleta de un niño. (Los niños egipcios llevaban la cabeza rapada excepto por una trenza lateral.) Seti y Ramsés están echando el lazo a un toro salvaje, símbolo del dominio del faraón sobre lo salvaje y el caos.

Solo podemos especular sobre lo que Seti podría haber conseguido si le hubieran concedido otra década. Sin embargo, parece que murió repentinamente tras solo un reinado de entre diez y quince años. A diferencia de su padre y de su hijo, que vivieron ambos hasta una edad muy avanzada, Seti todavía no había cumplido los cuarenta cuando se unió a Osiris. (Por cierto, los embalsamadores también estropearon a este faraón; le sacaron el corazón por error y luego se lo volvieron a coser por el lado equivocado).

Seti regresó en el siglo XX, cuando una inglesa, Dorothy Eady, empezó a tener sueños vívidos con él. Acabó en Egipto, donde se convirtió en dibujante, trabajando para equipos arqueológicos. Finalmente se instaló en Abidos para estar cerca de Seti. Aunque es fácil abordar su historia como la de una mujer excéntrica y ligeramente enloquecida, muchos egiptólogos la tenían en gran estima y a menudo demostraba un conocimiento asombrosamente preciso de dónde excavar.

Seti se perdió la grandeza por muy poco. Su hijo Ramsés, en cambio, se convirtió en Ramsés el Grande. También fue conocido como Usermaatsetepenra (del que derivó el nombre griego «Ozymandias»). De nuevo, Ramsés tomó el nombre de Maat como parte de su titulatura, aunque con un significado bastante más agresivo: «La verdad de Ra es poderosa».

El profesor Nicky Nielsen llama a Ramsés «un joven gobernante con prisa». Sin duda era alguien que prestaba mucha atención a las relaciones públicas. Seti lo preparó para el poder, encargándole las excavaciones de granito y haciéndole dirigir una campaña nubia en su noveno año de gobierno. Esto dio a Ramsés experiencia como constructor y como guerrero, las dos tareas principales del faraón. Sin embargo, no fue visir de su padre, y tampoco Seti lo nombró cogobernante; quizá Seti lo hubiera hecho a su debido tiempo si no hubiera muerto. Así pues, Ramsés tenía relativamente poca experiencia en profundidad cuando se convirtió en faraón.

La dinastía ramésida estaba decidida a evitar que se repitiera la revolución de Amarna; tendía a ser conservadora y respetuosa con las relaciones paternas. En apariencia, Ramsés se ajustaba a este patrón. Completó las obras de su padre tanto en Abidos como en la sala hipóstila de Karnak.

Sin embargo, cuando Ramsés revisó los relieves de la sala hipóstila, los encontró deficientes. Seti estaba allí, pero ¿dónde estaba Ramsés? Afortunadamente para él, fue un trabajo sencillo sustituir la figura del leal capitán de la tropa Mehy por la suya propia, y en los nuevos muros que había completado, pudo lucirse con ventaja.

Ramsés también tomó el palacio de verano de su padre en Avaris y lo reconstruyó como su nueva capital, Pi-Ramsés o Per-Ramsés («casa de Ramsés»). La ciudad era espléndida. También estaba decorada por al menos cincuenta estatuas colosales de Ramsés. Otros once colosos (como mínimo) se erigieron también en Menfis, donde Ramsés reconstruyó el templo de Ptah. En el templo de Lúxor, Ramsés no solo terminó la obra de Amenofis III, sino que colocó otra serie de estatuas colosales de sí mismo a lo largo de la fachada del templo. No se podía entrar sin ver al rey.

Ramsés debió de hacer trabajar horas extras a las canteras. Sin embargo, su programa de construcción fue también un proyecto de reciclaje. Utilizó la gran capital de Akenatón como fuente de piedra, demoliendo este legado herético y creando al mismo tiempo sus propios monumentos.

Así pues, Egipto tenía tres «capitales» de cierto modo: Menfis, sede de la burocracia; Tebas, la capital religiosa; y Pi-Ramsés, la residencia del rey y posiblemente también su cuartel general militar. Esto no duró. El delta del Nilo es una tierra inestable, y el brazo del Nilo en el que se encontraba Pi-Ramsés se secó. En la dinastía XXI, la ciudad había sido abandonada.

Ramsés aumentó el poder de Egipto. En primer lugar, alejó las amenazas en la costa norte, donde los shardana se habían convertido en una amenaza, haciendo incursiones desde el mar. Ramsés acechó y consiguió capturar a varios de ellos. Luego, los reclutó para formar parte de su guardia personal. Debían de tener un aspecto bastante espléndido y muy poco egipcio con sus cascos con cuernos y sus grandes escudos redondos.

Construyó una serie de fuertes al oeste, protegiendo el valle del Nilo de los nómadas libios. Zawyet Umm el-Rakham, al oeste de la actual Alejandría, se creó como fortaleza, pero también se convirtió en un lugar para comerciar con Creta y el Levante. Ramsés sabía que el retorno de Egipto a la grandeza necesitaba un impulso tanto comercial como militar.

Ramsés debía de estar bastante satisfecho con su destreza diplomática. En el cuarto año de su reinado, consiguió persuadir al gobernante de Amurru (norte del Líbano) para que cambiara su lealtad de los hititas a Egipto. Sin embargo, esto dio al rey hitita, Muwatalli, que en algún momento había retomado Qadesh de Egipto, una excusa para declarar la guerra. Con 2.500 carros y casi 40.000 soldados de infantería, era una fuerza a tener en cuenta.

Al año siguiente, Ramsés cabalgó hacia el este con veinte mil hombres, que se dividieron en cuatro divisiones de tropas: Amón, Re, Ptah y Seth. Dejó su escuadrón de élite en Amurru para marchar hacia Qadesh en un clásico movimiento de pinza.

La batalla de Qadesh fue una gran victoria egipcia; bueno, al menos si se cree la historia de Ramsés. Mostró la escena de la batalla en Karnak en el Ramesseum (dos veces), Abidos (dos veces) y Lúxor (tres veces).

Sin embargo, los registros hititas sugieren que Ramsés calculó mal. Creyendo a dos desertores hititas que fueron capturados por sus exploradores y dijeron que Muwatalli había huido, Ramsés marchó sobre Qadesh antes de comprobar a fondo la historia y sin reunir a todas sus fuerzas. Resultó que Muwatalli lo estaba esperando frente a las murallas de Qadesh. La división Re, que había avanzado primero, huyó del campo, dejando a Ramsés solo con solo la división Amón para protegerlo. Las divisiones Ptah y Seth aún no habían llegado al campo de batalla.

Ramsés esperó a que los soldados hititas se detuvieran de saquear el campamento egipcio y contraatacó inmediatamente con sus carros. El contraataque tuvo éxito durante un tiempo, pero Muwatalli dirigió otro ataque contra Ramsés. Sin embargo, las tropas de élite de Amurru llegaron en ese momento, rescatando a Ramsés de su error táctico de enfrentarse a sus tropas antes de reunir todos sus efectivos.

Al día siguiente, según Ramsés, los hititas pidieron la paz. Sin embargo, Ramsés no firmó ningún tratado y ni siquiera intentó capturar la ciudad de Qadesh. Los hititas pronto recuperaron su influencia en la zona, y varios reyes locales se vieron tentados a probar suerte reteniendo el tributo que debían al faraón, lo que dio lugar a una serie de campañas punitivas. Para el observador imparcial, parece como si Ramsés hubiera tenido suerte de no ser derrotado contundentemente por el astuto Muwatalli, aunque hizo gala de un gran valor personal al luchar para salir airoso de una situación delicada.

Observando las múltiples versiones de la batalla de Qadesh, no hay que olvidar que el tema de un faraón «golpeando al extranjero» se remonta a la paleta de Narmer; es un tema estándar del faraón cumpliendo con su deber de preservar Maat y contener las fuerzas del caos. Muy a menudo, es la imagen que se utiliza en el pilono que da acceso al templo, de modo que marca la frontera entre el templo, el dominio de Maat, y el mundo secular.

Más tarde en el reinado de Ramsés, tras la muerte de Muwatalli, el hijo del rey hitita, Urhi-Teshub (o Mursili III) fue depuesto. Buscó refugio en la corte egipcia. Esta vez tuvo éxito la diplomacia y no la guerra. En el vigésimo primer año de gobierno de Ramsés, se inscribió un tratado de paz en dos tablillas de plata, que daba a Egipto libre acceso al puerto de Ugarit y un firme control sobre los vasallos egipcios en el Levante. Hattusili permaneció en su lugar y también envió una hija como novia para Ramsés.

Ramsés ya había creado un enorme harén. Los faraones siempre habían sido polígamos, a diferencia de casi todos sus súbditos, pero el número de esposas parece haber aumentado notablemente en la dinastía XIX. Ramsés se casó con su primera esposa, Nefertari, antes de convertirse en faraón. En Abu Simbel, Ramsés construyó un templo en su nombre junto al suyo y la mostró del mismo tamaño que él. Esto no tenía precedentes. De hecho, el único templo dedicado anteriormente a una gran esposa real había sido dedicado por el hereje Akenatón a Nefertiti.

Nefertari tuvo al menos cuatro hijos y dos hijas, y su sucesora como gran esposa real, Isetnofret, tuvo tres hijos y una hija. Sin embargo, esto palidece al lado de la lista total de la progenie de Ramsés. De hecho, Ramsés fue uno de los primeros faraones que mostró en sus templos una lista completa de todos sus descendientes, tanto hijos como hijas. Había entre 88 y 103 en total. (Los hijos rara vez aparecían antes de esta fecha, a menos que fueran cogobernantes u ocuparan otro cargo importante). Ramsés hizo hincapié en su fertilidad, en parte porque estaba vinculada a la fertilidad del propio Egipto, pero también porque quizá quería demostrar que tenía suficientes hijos legítimos para evitar una crisis sucesoria como la que se produjo tras el reinado de Akenatón.

Ni Nefertari ni Isetnofret eran hijas de rey. Sin embargo, tras la muerte de Isetnofret, Ramsés parece haber tomado la decisión de atenerse a la tradición y casarse con la hija de un faraón. Sin embargo, las únicas hijas del rey disponibles, aparte de las princesas extranjeras, eran sus propias hijas. Se casó al menos con tres de ellas: Bintanath, Meritamen y Nebettawi. También se casó con dos princesas hititas como resultado del tratado de paz con Hattusili.

Ramsés reinó durante un total de sesenta y seis años. Celebró su festival Sed al cabo de treinta años, lo que constituyó un logro poco común, y después siguió celebrando festivales Sed cada pocos años. Celebró más de una docena de festivales Sed en total. Murió alrededor de los noventa años. Ramsés tenía mala dentadura y una artritis terrible. Utilizaba henna para volver su pelo blanco al rojo fuego que había heredado de Seti. Su tumba, la KV7, se terminó una docena de años después de su ascensión; llevaba mucho tiempo esperándolo

Sin embargo, también había construido la KV5, una tumba de lo más inusual con más de 130 cámaras; era la tumba individual más grande de todo el Valle de los Reyes. Estaba situada cerca de la tumba de Ramsés y ha sido excavada por el egiptólogo estadounidense Kent Weeks. Esta catacumba albergó los enterramientos de la mayoría de los hijos de Ramsés, manteniendo a la familia unida tras la muerte. (En cierto modo, es similar al Serapeum, una tumba de Saqqara construida para los toros sagrados Apis. Fue construida por uno de los hijos de Ramsés, Jaemuaset).

Las obras de construcción de Ramsés son inmensas: su templo mortuorio de Lúxor, que muestra su propia versión del mito del nacimiento divino creado por Hatshepsut; el enorme complejo de templos excavados en acantilados de Abu Simbel, en Nubia; las obras del templo de Lúxor y de Karnak; y una serie de monumentos situados más al sur, en Nubia.

Cuatro enormes estatuas de Ramsés custodian el templo de Abu Simbel, visto tal y como era antes de 1923⁹

Pero el trabajo de Ramsés es menos delicado y fino que el de Seti. Tal vez el ritmo de construcción hizo que los mejores talladores estuvieran siempre sobrecargados de trabajo. La diferencia puede apreciarse claramente en los templos que Ramsés tomó de su padre (Gurna, Karnak y Abidos). El trabajo de Seti es en delicados altorrelieves; la piedra se recortaba, dejando que las figuras se alzaran orgullosas. La obra de Ramsés parece tener gruesos bordes negros. Son relieves hundidos, en los que los contornos se recortan profundamente para «hundir» las figuras en la piedra. Como no hay que recortar todo el fondo, es mucho más rápido de tallar. También es —y esto podría haber atraído a Ramsés, que se había «colado con Photoshop» en las escenas de batalla de Seti— mucho más difícil de borrar.

Por cierto, debe recordar que a pesar de la sofisticada estructura de la sociedad egipcia de esta época, Egipto aún se encontraba en la Edad de Bronce Tardía. Los templos se construían utilizando martillos de piedra y cinceles, sierras y taladros de cobre o bronce. Aún se disponía de muy poco hierro, principalmente porque los hititas lo tenían todo, lo que lo convertía en un material de lujo en Egipto.

A pesar de la impresionante fertilidad de Ramsés, vivió tanto tiempo que muchos de sus hijos murieron antes que él. Al final, fue su decimotercer hijo, Merneptah, quien le sucedió. Para entonces, Merneptah tenía ya casi setenta años.

Después de Ramsés el Grande, la dinastía XIX es una especie de anticlímax. Ramsés III construyó el templo de Medinet Habu en Lúxor, junto al Ramesseum, e intentó tomar como modelo a su héroe, Ramsés el Grande, que había muerto cincuenta años antes. Pero los tiempos habían cambiado. Mientras que Ramsés el Grande había luchado para expandir Egipto, las guerras de Ramsés III eran todas defensivas.

Ramsés III también tuvo mala suerte en casa. Primero, tuvo que encabezar una huelga de trabajadores en Deir el-Medina después de que se retrasaran las entregas de trigo a la villa. Después, hubo una conspiración del harén que pretendía sustituirlo por su hijo Pentaur. Hubo un juicio; todos los principales conspiradores fueron ejecutados o se suicidaron. Sin embargo, Ramsés III estaba muerto. Su momia muestra un corte profundo y letal en la garganta, y también le habían cortado el dedo gordo del pie izquierdo (y lo sustituyeron con acierto por una prótesis durante el proceso de momificación).

Ramsés IV sucedió a su padre, y hubo una línea de más Ramsés, llegando hasta Ramsés XI. Sin embargo, las inundaciones del Nilo fueron cada vez menores, haciendo que el país fuera menos fértil, y hubo corrupción y disturbios civiles. Los ingresos fiscales disminuyeron. Ramsés VI no podía permitirse construir en Karnak, así que se limitó a hacer grabar su propio nombre en la obra de Ramsés IV.

El robo de tumbas se había convertido en una práctica habitual, e incluso los funcionarios estaban implicados en los robos; hasta el templo de Karnak fue asaltado. Mientras tanto, los cargos estatales se habían vuelto prácticamente hereditarios. Ramessesnakht fue sumo sacerdote de Amón bajo seis faraones y le sucedió su hijo Amenofis.

Al final de la dinastía se produjo una guerra civil. El virrey nubio Panehesy se instaló en Tebas. Piankh, el general encargado de entregar Tebas, decidió gobernar él mismo la ciudad después de tomarla y se entregó al robo de tumbas para financiar su gobierno. Egipto volvió a dividirse.

Capítulo 7: Los misterios de las momias: La muerte y el más allá de los faraones

Las galerías egipcias del Museo Británico albergan una vitrina baja. En su interior hay una tumba de arena reconstruida que data de antes de los faraones. Dentro, yace acurrucado sobre un costado un hombre desnudo y pelirrojo, rodeado de vasijas de terracota.

Esta momia data de alrededor del año 3400 a. e. c. y fue una de las muchas encontradas por E. A. Wallis Budge a finales del siglo XIX. «Ginger» fue momificado de forma natural por la arena amontonada alrededor de su cuerpo, y aún se conserva en notable buen estado. La posición enroscada se encuentra en enterramientos predinásticos y de las primeras dinastías; enterrar los cuerpos totalmente estirados no fue típico hasta la dinastía V. Pero a partir del 3400 a. e. c., la momificación se convirtió en la característica definitoria de Egipto, diferenciándose de las culturas de su entorno.

El mito de Isis y Osiris fue fundamental para las ideas egipcias sobre la momificación. Seth, el malvado hermano de Osiris, creó un cofre a la medida de Osiris y prometió dárselo a quien cupiera exactamente en él. Cuando Osiris entró, Seth lo encerró y envió el cofre al mar. Llegó al Líbano, donde un cedro creció a su alrededor. Cuando el cedro fue talado, se utilizó como pilar en el palacio del rey libanés.

La esposa de Osiris, Isis, soñó con el pilar del palacio y pudo reclamar el cuerpo. Seth tenía que impedir que Osiris renaciera, así que cortó el cuerpo en pedazos y los esparció por todo Egipto. Isis encontró los trozos y pudo devolver la vida a Osiris, lo que le permitió dar a luz a un hijo, Horus.

Lo importante en este mito es la idea de que el cuerpo debe conservarse y santificarse para que el alma pueda vivir. El carácter sagrado de la momia era incluso más relevante que el estado intacto del cuerpo. Por ejemplo, en el lado norte de la pirámide de Meidum de Seneferu, se encontró una caja de madera que contenía un cuerpo descarnado y otro cuerpo que tenía cada articulación envuelta por separado. No estaban de ningún modo intactos, pero habían sido tratados de forma ritual.

Muchos historiadores creen que las primeras momias fueron creadas de forma natural. Sin embargo, el análisis de los restos del Museo Egipcio de Turín (Italia), que proceden del mismo hallazgo que «Ginger», demuestra que se habían utilizado sobre el cuerpo materiales como goma, resina y sustancias aromáticas de forma muy similar a los procesos egipcios posteriores. La momificación deliberada como parte del ritual funerario es anterior a los faraones.

El estilo de momificación evolucionó a lo largo de los siglos. Ya en la dinastía II se utilizaban resinas junto con natrón en grandes cantidades para desecar la momia y darle una superficie impenetrable. Con el tiempo, los cuerpos se envolvían en vendas de lino para crear una especie de estatua-retrato. El exterior de las vendas se pintaba y esculpía para que se pareciera a la persona en vida. Durante la época de las pirámides, se fabricaron máscaras mortuorias, así como «cabezas de reserva» en piedra caliza, que podrían haber estado destinadas a sustituir a la cabeza original si esta se destruía, o podrían haber ayudado mágicamente a la momia a recuperar su apariencia real.

La momia de Ranefer, de la dinastía IV, fue modelada para que pareciera una estatua. El pelo estaba pintado de negro y las cejas eran verdes. El cerebro estaba intacto, lo que parece haber sido el caso durante todo el Reino Antiguo. Por desgracia, esta antigua momia de Meidum se perdió en los bombardeos de Londres durante la Segunda Guerra Mundial.

En esta época, los cuerpos habían empezado a ser eviscerados antes de la momificación. Sacar los órganos internos facilitaba la desecación del cuerpo. Sin embargo, la práctica posterior de sacar el cerebro no se empleó hasta mucho más tarde; podemos saberlo porque el hueso etmoides tiene que romperse para que tenga lugar la extracción, y está intacto en las primeras momias.

Hasta el Reino Medio, los brazos, las piernas e incluso los dedos individuales se envolvían por separado. Hacia la dinastía XII, se utilizaban tarros canopos para consagrar los órganos extirpados. El corazón, sin embargo, siempre se dejaba en el cuerpo. (En el caso de Seti I, ¡se lo extrajo por error y luego se lo volvió a colocar en el lado equivocado!) Los egipcios creían que el corazón era la sede del pensamiento y de las emociones. Puesto que el corazón sería pesado para decidir si el difunto estaba «justificado», era importante asegurarse de que permaneciera intacto dentro del cuerpo. En cambio, el cerebro, que no se consideraba significativo, simplemente se desechaba.

Las cosas cambiaron durante el Imperio Nuevo. Siempre se extraía el cerebro y se sumergía el cuerpo en un baño salino. Una vez seca, la momia se ungía con una pasta resinosa o barniz. La pose de brazos cruzados que se ve en el sarcófago interior de Tutankamón aparece con Tutmosis II, a quien también se le taponaron los oídos con bolas de resina.

El Imperio Nuevo fue el apogeo de la momificación. Las piernas, los brazos y los cuellos de las momias se rellenaban con material resinoso para hacerlos más regordetes, como en vida, y las cuencas oculares hundidas se rellenaban con pequeñas almohadillas de lino. A finales de la dinastía XIX, se rellenaban incluso las mejillas y se utilizaban ojos artificiales. A la momia de Ramsés IV se le insertaron pequeñas cebollas a modo de ojos.

Para finales del Imperio Nuevo, la momia se había convertido en una estatua-retrato. A la esposa de Herihor, Nedymet, se le rellenaron las mejillas y el cuello. Se le pusieron ojos artificiales y sus órganos se envolvieron en lino para luego volverlos a empaquetar en su cavidad abdominal. También fue pintada con ocre amarillo, el color estándar con el que se mostraba a las mujeres en el arte egipcio. Efectivamente, se había convertido en una estatua de culto, algo perteneciente al reino de los dioses.

La momia de la gran esposa real Nedymet [10]

Casi todo lo que se sabe sobre el proceso real de momificación se ha descubierto prestando mucha atención a las propias momias. Los textos egipcios que describen la momificación se concentran en los encantamientos que se utilizaban durante el proceso, no en los procedimientos anatómicos.

En el Imperio Nuevo, el proceso era el siguiente. En primer lugar, se lavaba y limpiaba el cuerpo. El cerebro se extraería por la nariz. Se vertería resina en el interior de la cabeza para conservarla. Se hacía un corte en el lado izquierdo (inferior) del cuerpo y se extraían los órganos internos, excepto el corazón. La cavidad interna se lavaba con vino de palma. Los orificios del cuerpo se sellaban con tapones de cera o lino. A continuación, se dejaba el cuerpo en un baño salino o bajo un montón de sal de natrón, que extraía toda la humedad. Este proceso duraba unos cincuenta días.

Una vez hecho esto, se ungía el cuerpo con resinas. Se utilizaría mirra e incienso para perfumar el cuerpo, junto con otras sustancias aromáticas; estas también se utilizaban como ofrendas a los dioses, por lo que, de nuevo, la intención parece haber sido convertir el cuerpo en un objeto que pudiera vivir en el mundo de los dioses. Por último, se envolvía el cuerpo, lo que llevaría dieciséis días, y era realizado como un rito religioso por el «maestro de los secretos» y cuatro sacerdotes. Se colocaban amuletos en las envolturas, que también se pintaban con textos sagrados.

Tradicionalmente, se pensaba que el cuerpo se conservaba, ya que el *ka* necesitaba habitarlo. Sin embargo, se ha sugerido que las muchas similitudes entre la creación de momias y la creación y adoración de imágenes divinas reflejan un concepto de la momia como objeto ritual sagrado. En ambos casos, la pureza ritual era importante, y en ambos casos se utilizaban envolturas con muchas capas de lino. Las envolturas de lino protegían muchas de las estatuas de la tumba de Tutankamón, y también habrían cubierto estatuas de culto. (La cantante Henattawy, cuyo ataúd se encuentra en el Museo Metropolitano, fue envuelta pero no momificada).

La envoltura habría tenido un significado especial en una cultura que giraba en torno al encierro. Los templos no tenían ventanas en el lugar santísimo y estaban rodeados de altos muros de adobe. Tutankamón fue enterrado en tres ataúdes dentro de cuatro santuarios, y cada ataúd estaba amortajado (envuelto).

La rigidez de la piel durante la momificación hacía que se pareciera al metal, un signo de eternidad. Es interesante que los *shabtis* de Seti I estuvieran recubiertos de resina; el barniz negro era un símbolo de la vida después de la muerte, y también era el mismo tipo de resina que se utilizaba en el proceso de momificación. El uso del ocre en muchas culturas estaba reservado a los rituales. Y el rito de «apertura de la boca» que se realizaba en la momia antes de su enterramiento era el mismo que se realizaba en las estatuas de los dioses.

En 2021 se celebró en El Cairo una enorme procesión de momias de faraones con motivo de su traslado del antiguo Museo de El Cairo al nuevo Museo Nacional de la Civilización Egipcia. Casi todas estas momias proceden de un único descubrimiento realizado en 1881 por Gaston Maspero, jefe de antigüedades de Egipto, en una grieta del acantilado entre Deir el-Bahari y Gurna. Maspero resumió lo que fascina a la mayoría de la gente sobre estas momias: «Todavía me pregunto si no estoy soñando cuando veo y toco lo que fueron los cuerpos de tantos personajes famosos de los que nunca esperamos saber más que los nombres»[i].

Momias de hasta cinco siglos de antigüedad habían sido sacadas de sus tumbas, reverentemente envueltas de nuevo y enterradas junto a los sumos sacerdotes de Amón. Para Ramsés el Grande, esta era su tercera tumba; ya había sido vuelto a enterrar una vez, en la tumba de su padre Seti I. Un segundo alijo de momias se encontró en 1898 en la tumba de Amenofis II, KV35.

En aquella época, desenvolver una momia se consideraba un espectáculo. Sin embargo, el estudio científico de las momias ha aumentado enormemente nuestra comprensión del antiguo Egipto. Por ejemplo, sabemos que se practicaban el tatuaje y la circuncisión. Sabemos que la mayoría de los egipcios de cualquier época tenían los dientes en mal estado, desgastados por el pan arenoso que comían, y que muchos de los faraones padecían artritis.

Incluso después de que Egipto se convirtiera al cristianismo, se siguieron conservando los cadáveres en sal antes de darles un funeral cristiano. Con el tiempo, sin embargo, la práctica quedó en desuso.

Pero ahora está resurgiendo, ¡gracias a egiptólogos curiosos! En 1994, el egiptólogo Bob Brier trabajó con el anatomista Ronn Wade en la Universidad de Maryland para momificar un cadáver utilizando técnicas y materiales originales. En 2011, la Universidad de York momificó a un taxista llamado Alan Billis, que ahora reside en el Museo Gordon de Patología del King's College de Londres.

---

[i] Riggs, Christina. *Unwrapping Ancient Egypt*. Bloomsbury, Londres, 2014.

Capítulo 8: El periodo tardío y el fin del dominio faraónico

A pesar de los esfuerzos de la dinastía ramésida por lograr la estabilidad, el Imperio Nuevo acabó por derrumbarse. Es importante no ver esto como una cuestión puramente interna, doméstica. De hecho, el Tercer Periodo Intermedio marcó un cambio significativo en el estatus de Egipto.

Hasta la época de Ramsés II, Egipto había sido el centro de su mundo. Después de aproximadamente el año 1000 a. e. c., Egipto se convirtió en un estado periférico y después, en última instancia, en un estado dependiente de potencias mayores, como los persas, los griegos, los romanos e incluso los libios y los nubios, estos dos últimos antiguos pueblos súbditos de los egipcios. Otros imperios habían entrado de lleno en la Edad de Hierro; sin embargo, Egipto se encontraba aún en la Edad de Bronce, lo que le suponía una desventaja tecnológica.

Egipto también estaba fragmentado, con varias dinastías asentadas en el delta del Nilo que tenían poco poder sobre el sur del país. El Alto Egipto se hizo cada vez más independiente. En Tebas, los sumos sacerdotes de Amón tenían más poder que muchos faraones de la época, incluso escribían sus nombres en cartuchos.

Esta fue una época de reciclaje. La dinastía XXI en Tanis, en el delta oriental del Nilo, desmontó la ciudad de Pi-Ramsés, que ya no era viable tras el encenagamiento de su brazo del Nilo. Incluso las tumbas faraónicas fueron recicladas. Psusenes I fue enterrado en el sarcófago robado de Merneptah, y su consejero Wendjebaendjedet fue enterrado con un anillo robado de la tumba de Ramsés IX. (Es intrigante que las glorias de la tumba incluyeran un ataúd de plata; en Egipto, la plata era más rara y más cara que el oro).

Los libios, antiguos enemigos de Egipto, se apoderaron del reino con las dinastías XXII y XXIII. Tenían nombres de nacimiento libios, como Sheshonq, Osorkon y Takelot, pero adoptaron nombres de trono egipcios. Osorkon IV tomó deliberadamente el mismo nombre que Ramsés el Grande, Usermaatre.

Sheshonq I fue un hombre visionario. No había nacido en la familia real, pero consiguió su entrada casando a su hijo con la hija de Psusenes II y luego ocupó el trono a la muerte del viejo faraón. Apuntaló su posición nombrando a su hijo comandante del ejército y sumo sacerdote de Amón antes de lanzarse a engrandecer Egipto de nuevo.

Egipto se estaba convirtiendo en una especie de chiste internacional. Sheshonq emprendió una gira por Oriente Próximo, conquistando Gaza, tomando Megido y extorsionando a Jerusalén. Regresó a Tebas, donde inició un enorme programa de obras en Karnak. Podría haber sido otro Ramsés el Grande, y, sin embargo, es casi desconocido. Ello se debe a que murió repentinamente, y sus sucesores no tuvieron ni su visión ni su vigor.

En la dinastía XXV, Egipto estaba bajo el control de sus antiguos enemigos, los nubios. Kush se había levantado como un ave fénix tras la desintegración del Imperio Nuevo y se había egipcializado por completo. Kush se independizó, con capital en Napata. Los reyes Alara y Kashta consolidaron el reino, y el hijo de Kashta, Pianjy, decidió invadir Egipto. Los nubios adoptaron el culto a Amón después de que los faraones tutmosidas lo introdujeran, y parece que se consideraban a sí mismos como preservadores de los «verdaderos» valores egipcios.

Pianjy permitió que los parientes de Osorkon IV permanecieran en Tebas, incluida la esposa de Amón Shepenupet, pero se aseguró de que su hija, también llamada Shepenupet, fuera su sucesora. Tomó el mismo nombre de trono que Ramsés el Grande, Usermaatre, y consolidó el control de todo Egipto, excepto el delta del Nilo. En un momento dado, hubo cinco reyes distintos en Egipto —Osorkon IV, Iuput II, Nimlot, Peftjauawybast y Pianjy— pero solo Pianjy adoptó el título de «rey dual».

Pianjy era un buen jinete. Cuando tomó la capital de los rebeldes Nimlot, Khmun, en el delta del Nilo, ni siquiera miró a las mujeres, sino que fue directamente a los establos. Tras preservar la pureza de Egipto de los libios, nunca se molestó en gobernar realmente Egipto. En cambio, regresó directamente a Napata.

Los nombres de nacimiento de todos estos faraones eran nubios: Shabitko, Shabako, Taharqo y Tanutamani. Sin embargo, estaban obsesionados con el pasado de Egipto, remontándose al Reino Antiguo en busca de inspiración. Restauraron Menfis como capital e incluso copiaron el estilo pesado, achaparrado y musculoso de la escultura egipcia. Cuando construían templos, mostraban a los nubios como enemigos que eran azotados, aunque ellos mismos fueran nubios.

No siguieron una importante costumbre egipcia. Estos gobernantes fueron enterrados cerca de Jebel Barkal, en Nubia, no en Egipto. Sin embargo, cuando construyeron sus tumbas nubias, trajeron la pirámide. Había más pirámides en Nubia que en Egipto.

Finalmente, los nubios fueron expulsados de Egipto, aunque no por los egipcios. El reino oriental de Asiria atacó. En el 671 a. e. c., Taharqo fue derrotado por Asarhaddón de Asiria. Aunque Egipto se rebeló con éxito, el hijo de Asarhaddón, Asurbanipal, volvió a ocupar Egipto y saqueó Tebas.

La dinastía Saíta (la vigesimosexta dinastía), con sede en Sais, en el delta del Nilo, vio una oportunidad en todo este desorden. Psamético subió al trono, y los saítas que le siguieron cambiaron de rumbo para intentar seguir el viento dominante, aliándose primero con Asiria y más tarde con la civilización griega. Egipto ya no marcaba las tendencias, sino que las seguía.

Mientras tanto, muy al este, Ciro consiguió hacerse con el trono de Persia. A continuación se apoderó del Imperio medo y conquistó Babilonia y Anatolia, creando una superpotencia en Oriente Próximo. Cuando el faraón Amosis III murió en 526 a. e. c., el sucesor de Ciro, Cambises, vio en ello una oportunidad para añadir Egipto al Imperio persa. A diferencia de casi todos los demás reyes no egipcios, Cambises solo adoptó tres nombres reales, uno de Horus, otro de trono y otro de nacimiento: Sematawy Mesutra Kembud, «unificador de las dos tierras, hijo de Ra, Cambises». Algunos de los persas posteriores ni siquiera tomaron un nombre de Horus.

Grecia empezó a presionar a Persia, lo que dio a Egipto la oportunidad de contraatacar. Amirteo, descendiente de los reyes saítas, dirigió exitosamente una revuelta contra los persas en el año 404 a. e. c.

Fue un faraón trágico; su reinado duró solo cinco años antes de ser derrotado y ejecutado por Neferites I. Fue el solo rey de la dinastía XXVIII.

Ahora los egipcios podían ver al faraón tal y como era. El gobernante no era un dios-rey divino, sino nada más un oportunista político. La realeza egipcia había cedido su legitimidad. Al cabo de medio siglo, los persas volvieron de nuevo, y esta vez no se molestaron en absoluto en poner nombres a los tronos. Nectanebo II, el último faraón nativo, huyó a Nubia.

Solo habría tres reyes persas más antes de que un nuevo faraón, que tomó el nombre de Setepenre Meryamun Aluksindres, irrumpiera en escena. Sin embargo, no se suele pensar en este hombre como un faraón; es mucho más conocido como un conquistador macedonio. ¿Su nombre? Alejandro Magno.

Alejandro parecía haber tenido algún tipo de experiencia espiritual, similar a la de algunos occidentales que se dirigen a un *áshram* en la India. En su primera visita a Egipto, hizo un viaje al oráculo de Amón en el oasis de Siwa. Fue como un hombre y volvió como un dios. Alejandro no pasó más que unos meses en Egipto, y, sin embargo, es uno de los faraones que más conocemos como personaje porque pertenecía a la civilización griega, que tenía una rica historia.

Alejandro creó un gobierno multicultural con un alto mando macedonio y dos gobernadores civiles, uno persa y otro egipcio. Cuando murió tres años después, su general Ptolomeo I Soter («salvador») decidió ocupar el trono de Egipto. No solo tomó el mismo nombre de trono que Alejandro, sino que también secuestró el cadáver de Alejandro para enterrarlo primero en Menfis y después en la nueva capital, Alejandría.

Como muchas dinastías, la dinastía ptolemaica empezó bien. Egipto se orientó hacia el Mediterráneo. El hecho de hacer del puerto marítimo de Alejandría la capital cambió la idea que el imperio tenía de sí mismo: era una nación mediterránea y no «el regalo del Nilo». Ptolomeo I se apoderó de Chipre, y los dos siguientes Ptolomeos añadieron Anatolia, la costa jónica y el sur de Tracia, por lo que esa línea de pensamiento era natural. Todo ello enriqueció a Egipto a través del comercio. Ptolomeo II reabrió el canal que Darío había excavado, precursor del canal de Suez, lo que proporcionó a Egipto una ruta marítima hacia la India. El resultado fue un enorme imperio comercial ganado por el poderío militar pero impulsado por el comercio. La dinastía ptolemaica convirtió Egipto en el granero de su imperio.

La dinastía ptolemaica es paradójica. Al adoptar la costumbre egipcia del matrimonio entre hermanos (aunque no la poliginia), mantuvieron el linaje en su propia familia, de modo que eran completamente egipcios y macedonios. Construyeron nuevos templos en Edfu, Kom Ombo, Dendera y Esna que parecían egipcios. También crearon la Biblioteca de Alejandría. Para los Ptolomeos, Atenas ya no era el centro intelectual del mundo griego; lo era Alejandría.

(El comienzo de la Biblioteca de Alejandría fue sórdido. Ptolomeo I tomó prestados libros de las bibliotecas atenienses, pero no los devolvió. Las multas se acumulaban, pero como faraón, ¿le importaba?)

Sin embargo, en tiempos de Ptolomeo IV, las cosas ya empezaban a torcerse. Los impuestos eran elevados, y Horunnefer y luego Anjunnefer se rebelaron en el Alto Egipto. La dinastía ptolemaica también estaba perdiendo sus posesiones fuera de Egipto, y una civilización advenediza procedente de Italia empezaba a amenazar la hegemonía griega en el Mediterráneo.

La situación de los Ptolomeos no ayudó, ya que tenían tendencia a la rivalidad familiar y a la guerra intestina. Ptolomeo VI gobernó solo al principio, pero se vio obligado a gobernar como parte de una triarquía con su hermana (y esposa) Cleopatra II. Ptolomeo VI se vio obligado a exiliarse en Roma por su hermano menor, Ptolomeo VIII, y después fue llamado de nuevo a Egipto. Los dos hermanos gobernaron diferentes partes del imperio, y cuando Ptolomeo VI murió, su hermano gobernó durante casi otros veinte años.

(«¿Dónde estaba Ptolomeo VII?», se preguntará usted. No es seguro que llegara a gobernar y es posible que se le concediera el estatus faraónico a título póstumo).

Un retrato grabado de Ptolomeo VI que muestra la extraña combinación de arte helenístico y regalia egipcia[11]

Ptolomeo VIII llevó la naturaleza incestuosa de la casa real a nuevos extremos. Cogobernando con su esposa y hermana Cleopatra II, decidió entonces casarse con su hijastra y sobrina, Cleopatra III (que también era, por supuesto, hija de su hermana-esposa). En general, los historiadores le han dado mala fama, y parece innegable que era un psicópata. Hizo matar a sus dos hijos mayores (con Cleopatra II) para apartarlos de la sucesión en favor de sus hijos con Cleopatra III. Había esperado muchos años para recuperar el poder y pretendía disfrutarlo. Era brutal y amante del placer, pero sin duda era un político astuto.

Parte de la historia del Egipto ptolemaico parece una telenovela. Berenice III era la esposa de Ptolomeo X y cogobernaba con él. Su padre, Ptolomeo IX, depuso a su marido, por lo que ella pasó a cogobernar con él. A la muerte de este, se vio obligada a casarse con Ptolomeo XI, su hijastro, primo y probablemente también hermanastro, que la hizo asesinar dos semanas después. No fue una jugada especialmente buena, ya que el pueblo de Alejandría quería más a Berenice que a él. Fue linchado en el gimnasio.

Esto dejó a Egipto sin una línea de sucesión legítima. Ptolomeo XII, hijo ilegítimo de Ptolomeo IX, relanzó la dinastía. Fue apodado Ptolomeo Auletes, el flautista. Nadie está seguro de si ese nombre se debió a que tocaba la flauta o a que se identificaba con el dios Dioniso, cuyos seguidores tocaban la flauta (y bebían en exceso).

Roma siguió ascendiendo. Se expandió por todo el Mediterráneo y, desde el gobierno de Ptolomeo X, había estado extorsionando a Egipto. (Ptolomeo había ofrecido el país como depósito del préstamo que había necesitado para sus guerras civiles). Los romanos hablaban ahora abiertamente de anexionarse Egipto, y Ptolomeo XII se vio reducido a pagar dinero de protección.

Aun así, fue obligado a abandonar Egipto en el 58 a. e. c. y su hija, Berenice IV, tomó el poder. Era una mala mujer. Se casó con un primo suyo, Seleuco. Tras comprobar que no era de su agrado, lo hizo asesinar en menos de una semana. Su siguiente marido, un oficial griego del ejército romano, debió de sopesar muy bien los riesgos antes de casarse con ella.

Ptolomeo Auletes pasó su exilio en Roma, donde Pompeyo lo acogió; es posible que se llevara a su hija menor con él. Roma no apoyaría un golpe de Estado en su nombre, pero pidió dinero prestado a un banquero llamado Rabirio. El dinero se utilizó para sobornar al general Aulo Gabinio (amigo de Pompeyo). Actuó, en efecto, como mercenario a la vez que gobernador romano.

Una vez reinstalado Ptolomeo XII, ejecutó a su hija Berenice y luego nombró ministro de finanzas a su banquero romano. Eso solo duró un año, durante el cual Rabirio exprimió todo lo que pudo del país. Luego, fue enviado de vuelta a Roma. Egipto era ahora un gran deudor, y al igual que el Banco Mundial y el FMI hoy en día, los romanos tenían la sartén por el mango.

(Por cierto, Ptolomeo Auletes terminó el nuevo templo de Horus en Edfu y se hizo retratar allí como un faraón típico, golpeando al enemigo, a pesar de su falta de práctica en golpear al enemigo. La forma de retratar a los faraones no había cambiado desde la época del rey Narmer, aunque sí lo habían hecho las realidades políticas).

Es en este momento cuando aparece la última de las grandes faraonas que reconocerá por su nombre: Cleopatra VII, conocida como Weretnebneferu Akhetzeh por sus súbditos egipcios.

Durante la mayor parte de su reinado, Cleopatra fue cogobernante. Cogobernó con su padre, Ptolomeo XII, durante solo un año y después cogobernó con su hermano y posible marido Ptolomeo XIII, con su hermano y marido Ptolomeo XIV y con su hijo Ptolomeo XV. Ninguno de estos Ptolomeos llegó a tener una obra de teatro escrita sobre ellos ni fueron los héroes de películas. Cleopatra, en cambio, ha fascinado a lo largo de los siglos.

Fue obligada a exiliarse por Ptolomeo XIII después de que las malas cosechas y la elevada inflación provocaran una recesión. Sin embargo, fue tenaz. Reunió un ejército en Palestina y se enfrentó a su hermano en el delta del Nilo. Ptolomeo XIII decidió jugarse el apoyo de Julio César traicionando a Pompeyo, que se había dirigido a Egipto tras ser derrotado por César en Grecia. Ptolomeo pensó que César apreciaría la cabeza cortada de Pompeyo. Sin embargo, Ptolomeo se equivocó; César no quedó impresionado.

Ptolomeo también había subestimado a su hermana, que consiguió acceder a los aposentos de César. Ella tenía veintiún años y César cincuenta y dos. Ambos eran muy arriesgados, y una cosa llevó a la otra. Ptolomeo se ahogó en el Nilo mientras luchaba contra su hermana, y Cleopatra anunció a su hermano menor, Ptolomeo XIV, como corregente. Ella era ahora la faraona indiscutible, pero tres legiones romanas estaban estacionadas permanentemente en Egipto. Se había convertido en un estado vasallo.

Cleopatra fue quizá la más egipcia de los Ptolomeos. De hecho, podía hablar la lengua de la tierra que gobernaba; que sepamos, ninguno de los otros Ptolomeos podía. (Según el historiador romano Plutarco, Cleopatra también podía hablar etíope, hebreo, árabe y persa). Sin embargo, decidió pasar su tiempo en Roma con su amado César en lugar de quedarse en Alejandría. Esto duró dos años hasta el asesinato de César en el 44 a. e. c.

Cleopatra huyó de vuelta a Egipto. Ptolomeo XIV había muerto convenientemente, por lo que Cesarión, su hijo de tres años con César, se convirtió en su cogobernante como Ptolomeo XV. Cleopatra empezó a presentarse como Isis, la madre divina con un hijo divino, el joven Horus, «heredero del dios que salva, elegido de Ptah, portador de la Maat de Ra, imagen viva de Amón».

Pero el reinado de Cleopatra no fue próspero. Las inundaciones provocaron escasez de alimentos. La situación romana era inestable;

había estallado una guerra civil tras la muerte de César. Movida por la emoción o por el cálculo político, apoyó a Marco Antonio y Octavio, los partidarios de César. Ayudó a Marco Antonio a vencer a los asesinos de César en la batalla de Filipos y consiguió llevárselo a la cama (convirtiéndolo en el segundo general romano al que cortejaba). Debía de tener la esperanza de que él fuera el futuro gobernante de Roma. También consiguió convencerlo para que mandara a asesinar a su rebelde hermana, Arsinoe.

Por desgracia para Cleopatra, esta situación tampoco duró. Después de que Cleopatra diera a luz a gemelos, Marco Antonio la abandonó, volviendo a Roma para casarse con la hermana de Octavio y renovar la alianza con este. Es muy posible que tanto él como Cleopatra creyeran que así Egipto quedaría bien protegido. Solo tenían que dejar a un lado sus sentimientos personales para garantizar su seguridad mutua. No funcionó.

Aunque Cleopatra se benefició de una racha de buenos años por la crecida del Nilo y de buenas cosechas, Egipto seguía pagando una enorme deuda y luchaba bajo la carga. Roma estaba desangrando a Egipto. Antonio se enemistó con Octavio por sus planes de extender el imperio hacia el este.

Esta vez, la perspicacia política de Cleopatra le falló, ya que apoyó al bando equivocado. El rechazo público de Antonio hacia su esposa, Octavia, dañó aún más su relación con Octavio. Pronto, Octavio y Antonio entraron en guerra.

Antonio y Cleopatra navegaron hacia Grecia. (Esto nunca podría haber ocurrido en el Egipto anterior a la época ptolemaica, puesto que los barcos se diseñaron en su día para navegar solamente por las aguas poco profundas del Nilo). Allí fueron bloqueados en Accio. Descubrieron que las fuerzas terrestres de Antonio habían desertado, así que huyeron a Egipto. De vuelta en Alejandría, fingieron que no había pasado nada.

Sin embargo, se habían quedado sin espacio. Antes de que Octavio pudiera llegar a Alejandría, Antonio se suicidó, supuestamente tras enterarse de que Cleopatra se había suicidado. Cleopatra se encerró en su tumba ya preparada y se suicidó al oír que Octavio le proponía llevarla a Roma en un triunfo (un desfile de la victoria).

Cesarión escapó y se dirigía a la India cuando fue capturado y ejecutado. Alejandro Helios, Cleopatra Selene y Ptolomeo Filadelfo, de cuatro años, hijos de Marco Antonio y Cleopatra, fueron llevados a Roma y exhibidos en el triunfo de Octavio. Luego fueron entregados a la esposa divorciada de Marco Antonio, Octavia, para que los criara. Cleopatra Selene acabó casándose con el príncipe númida Juba II, y gobernaron Mauritania desde su capital, Cesarea, en la actual Argelia.

Esa es la historia. Los hechos, por supuesto, son susceptibles de muchas interpretaciones diferentes.

¿Quién era Cleopatra? El problema es que existen muy pocas fuentes primarias. La mayor parte de lo que sabemos sobre ella nos lo contaron historiadores romanos, no egipcios, que, además de ser parciales, probablemente no comprendían la cultura egipcia. Además, la mayoría de ellos habían escrito historias doscientos años después de que ella viviera. Para otros faraones, dependemos de las inscripciones oficiales. Cleopatra no dejó cartas ni otros documentos.

En cuanto a su aspecto, quizá los mejores testigos sean las monedas acuñadas para ella, que muestran a una mujer de nariz aguileña, ojos hundidos y mentón fuerte. No era en absoluto una belleza, si hemos de creer en estas monedas, pero, aun así, era una mujer muy llamativa. Por el contrario, la mayoría de las estatuas y relieves muestran a una mujer helénica idealizada o a una diosa egipcia idealizada, según el contexto y el estilo de la obra.

Octavio pasó a fundar un imperio. Como Augusto, creó el Imperio romano, que dominaría la mayor parte de Europa durante quinientos años. Sin embargo, también acabó con un imperio, pues fue el fin de Egipto.

Capítulo 9: La influencia y el legado de los gobernantes del Antiguo Egipto

Egipto ha cambiado mucho desde los tiempos de los faraones. Tras convertirse primero en un país cristiano (los cristianos coptos siguen representando entre el 10 % y el 15 % de la población egipcia), Egipto fue conquistado por los árabes en el año 640 de la era cristiana e introducido en el mundo musulmán. El Egipto actual tiene poco en común con el Egipto de los faraones. Incluso las estaciones han cambiado, puesto que ya no se producen las inundaciones anuales del Nilo, gracias a la construcción de la presa de Asuán.

No obstante, el antiguo Egipto conserva una poderosa fascinación. El historiador griego Heródoto (c. 484-425 a. e. c.) se sintió intrigado por la cultura egipcia y nos legó el primer relato sobre la momificación; aunque, como a muchos viajeros posteriores a Egipto, parece que le resultó difícil distinguir la realidad de la ficción.

Egipto dejó una enorme tradición monumental, que pasó a formar parte de la cultura occidental. Los emperadores romanos llevaron obeliscos de los templos egipcios a Roma, sentando un precedente que seguirían las civilizaciones posteriores. Hay obeliscos en París, Londres y Nueva York, así como trece en Roma. Las pirámides —siendo la Gran Pirámide de Guiza la única de las Siete Maravillas del Mundo Antiguo que ha sobrevivido— se hicieron famosas y fueron copiadas en todo el mundo. Incluso hay una pirámide en el billete de un dólar estadounidense, así como la pirámide del Hotel Lúxor de Las Vegas, de tamaño ligeramente inferior al real.

Quizá más prosaico pero igualmente importante es el hecho de que los egipcios empezaran a escribir en papiro. Otras civilizaciones antiguas utilizaban la arcilla o la piedra como soportes de escritura. Egipto inventó el papel y la tinta (bueno, al menos el papiro y la tinta). También parecen haber inventado las matemáticas y el sistema decimal, así como la capacidad de medir el tiempo mediante relojes de agua. Esto se transmitió al mundo a través de civilizaciones posteriores, en particular a los griegos.

Aún más importante, Egipto desarrolló una economía y una burocracia centralizadas, capaces de organizar y sostener grandes proyectos como las pirámides, y disponían de un sofisticado método de tributación basado en los rendimientos agrícolas teóricos. De hecho, Egipto probablemente inventó los puestos de trabajo.

En agricultura, es fácil descartar el simple arado de bueyes y la azada egipcios como apenas un paso más allá de la Edad de Piedra. Sin embargo, Egipto desarrolló una forma de agricultura única porque supo aprovechar las crecidas del Nilo, perfeccionando sus métodos hidráulicos a lo largo de los siglos. Por ejemplo, el *shaduf*, una especie de balancín para elevar el agua con eficacia, fue un invento egipcio, y aún se utiliza en todo Oriente Próximo. El uso de estanques de reserva para retener el agua de las inundaciones para su uso futuro fue otro desarrollo que aumentó los rendimientos agrícolas, y la recuperación de tierras a gran escala se inició con el desarrollo del oasis de Fayún.

Egipto ejerció una influencia duradera en su época. Gracias a los nuevos vínculos entre Egipto y Roma, la diosa Isis se convirtió en uno de los grandes dioses del Imperio romano. Sin embargo, al extinguirse la capacidad de leer los jeroglíficos y los textos egipcios demóticos e hieráticos, más cursivos, la cultura egipcia acabó estando representada solo en las artes visuales. La cultura egipcia seguía siendo impresionante, pero era misteriosa. En su lugar, Grecia y Roma se convirtieron en las guías de la cultura occidental.

Sin embargo, aún era posible acceder en cierta medida a la historia egipcia a través de los textos griegos y romanos. Por ejemplo, puede que usted no relacione inmediatamente a Seti I con Mozart, pero una novela del escritor francés Terrasson, *Sethos*, permitió que el nombre de Seti se asociara con ideas filosóficas asumidas por la logia masónica vienesa Zur wahren Eintracht («Concordia Verdadera»), a la que pertenecía Mozart. Y aunque *Sethos* es una sarta de tonterías, la obra en la que se basó Mozart, *La flauta mágica*, es una obra maestra.

No fue hasta 1822 cuando el filólogo francés Jean-François Champollion pudo descifrar los jeroglíficos comparando los textos griegos y egipcios grabados en la Piedra de Rosetta. Este descubrimiento devolvió la vida al antiguo Egipto. Los motivos egipcios se adoptaron en la arquitectura europea y estadounidense, y se dio un nuevo impulso al estudio de la cultura egipcia cuando se descubrió la tumba de Tutankamón en 1922. Cuatro años después del descubrimiento, la Carreras Tobacco Company construyó una fábrica en Londres en estilo egipcio art déco, con gatos negros custodiando la puerta, capiteles de estilo papiro y una cornisa egipcia tomada de Karnak.

La Carreras Tobacco Company invoca el espíritu de Tutankamón[12]

Egipto se convirtió en un enorme recurso para la imaginación de los artistas creativos. Hubo historias de terror, como «La maldición de la momia», el cuento de una momia del Museo Británico que daba mala suerte a quien la fotografiara (aparentemente apócrifo), y novelas como *Muerte en el Nilo*, de Agatha Christie, y *La maldición de la lámpara de bronce*, de Carter Dickson. Madame Blavatsky, una gurú espiritual, mezcló la mitología egipcia antigua con ideas budistas tibetanas e hindúes.

Luego estaba el esplendor faraónico de Egipto, que se prestaba al cine. *Tierra de faraones* (1955) dramatiza la construcción de la Gran Pirámide de Guiza; la película es espectacular, aunque la historia es más bien tonta. *Antonio y Cleopatra* (1963), protagonizada por Elizabeth Taylor, ganó cuatro Oscar, pero estuvo a punto de llevar a la quiebra a la compañía cinematográfica.

Más recientemente, el escritor francés de novelas gráficas Bilal ha creado una serie en la que antiguos dioses egipcios aterrizan en París en 2023. Terry Pratchett llevó el humor a Egipto con su libro *Pirámides*, y en *Sandman*, de Neil Gaiman, aparecen los dioses egipcios Anubis, Bastet y Bes.

El afrocentrismo se ha desarrollado como una forma alternativa de ver el mundo de los faraones. Muchos arqueólogos del siglo XIX estaban obsesionados con demostrar que los faraones eran caucásicos en lugar de pertenecer a las «serviles» razas africana y semítica. Se ha desarrollado una contracorriente que reivindica a los faraones de Egipto como parte de un imperio negro. Aunque algunas de estas afirmaciones se han exagerado, la cultura egipcia parece ciertamente muy africana en algunos aspectos, con sacerdotes vestidos con pieles de leopardo, diosas madres y dioses con cabeza de animal que se parecen a las figuras enmascaradas de algunas sociedades de danza africanas. El uso de reposacabezas para dormir también es distintivamente africano.

De hecho, aunque los egipcios eran bastante xenófobos y se veían rodeados de enemigos, parece que eran bastante pragmáticos sobre quién era «egipcio» en la vida cotidiana. Ser egipcio significaba adorar a los dioses egipcios y tener un nombre egipcio. La cultura que se desarrolló en el valle del Nilo no era una cultura de Oriente Próximo; era una cultura distinta basada en las condiciones únicas de vida en el valle y no en ningún concepto de raza. Pero fuera cual fuera el color de la piel o la composición precisa del ADN de sus habitantes, *era* una cultura nacida en África.

Los arqueólogos están descubriendo ahora mucho más sobre el mundo real del antiguo Egipto. El escaneado no invasivo de momias, los reconocimientos aéreos, la inteligencia artificial, el escaneado en 3D y los escáneres de radar nos han aportado nuevos conocimientos de los que antes no disponíamos. En la última década, se han realizado nuevos descubrimientos en Saqqara, y un respetado egiptólogo ha afirmado que la tumba de Nefertiti se encuentra oculta tras un panel recortado en la tumba de Tutankamón. Las momias antiguas están siendo reevaluadas para ofrecernos nueva información, e incluso los alimentos incluidos en algunas de las tumbas están siendo examinados de nuevo para ver qué comían y bebían los egipcios. La renombrada cervecería artesanal Dogfish Head incluso trabajó con el arqueólogo Patrick McGovern para producir una cerveza del antiguo Egipto, Ta Henket.

El antiguo Egipto era una tierra de muchos secretos, y aún no ha renunciado a todos ellos.

Conclusión

Este libro ha recorrido tres mil años de historia egipcia, desde las tumbas predinásticas de Abidos hasta la última faraona, Cleopatra VII. Hasta ahora, Egipto ha sido el imperio más longevo de la historia. El Imperio romano duró unos pocos siglos, el Imperio bizantino duró un poco más, y la mayoría de las naciones modernas remontan sus raíces solo a unos pocos cientos de años. Los chinos son los únicos que pueden reivindicar una historia tan larga como estado unificado.

Aunque los conceptos teológicos y la forma de gobernar el país cambiaron a lo largo de los años, el gobierno de los faraones duró tanto como el antiguo Egipto, si bien es cierto que se adaptó de vez en cuando para admitir el cogobierno, faraones mujeres e incluso faraones extranjeros.

Algunos egiptólogos se pasan la vida intentando desentrañar qué ocurrió exactamente en el Tercer Periodo Intermedio o identificar a faraones que solo aparecen en listas de reyes posteriores y de los que no existen pruebas arqueológicas. La historia egipcia aún tiene muchos espacios en blanco que rellenar. Sin embargo, el esquema general de la historia de Egipto, en particular el lugar que ocuparon sus mayores faraones, está claro.

Desde Narmer, que unió las dos tierras, pasando por los grandes constructores (Zoser, Keops y Kefrén) hasta los grandes Seti I y Ramsés II, Egipto fue la potencia dominante. Los egipcios podían permitirse mirar a los extranjeros con desprecio. Los egipcios sabían escribir, construir templos inmensos y hacer cuentas. Es cierto que había que importar madera y que algunos extranjeros producían interesantes artículos de lujo, pero en su mayor parte, Egipto tenía un sentido de nación muy definido. Mientras que otras culturas de su época, como Asiria, Babilonia, Mitanni y el Imperio hitita, subieron y bajaron y tuvieron que competir con otros reinos, Egipto permaneció unificado, incluso bajo gobernantes extranjeros.

Solo con la conquista persa, Egipto se convirtió en un país colonizado. Para entonces, sus tecnologías ya no eran avanzadas. Otras civilizaciones habían desarrollado sus propios alfabetos y estructuras de gobierno, y habían aprovechado las oportunidades de la Edad de Hierro con ambas manos. Mientras tanto, Egipto, sin fuentes naturales de hierro, se quedó luchando por mantenerse a flote. El ascenso de Grecia y luego de Roma dejó a Egipto como un remanso; era un gran productor de grano y de ingresos fiscales para el Imperio romano, pero no era mucho más que eso.

Egipto sigue siendo fascinante, tanto por los asombrosos monumentos que dejó como por algunos de sus restos más humildes e íntimos, como un león de juguete que abre la boca para rugir (en el Museo Británico) o un vestido de cuentas para una bailarina (en el Museo Petrie de Londres). Parece increíble que podamos acercarnos tanto a personas que vivieron hace tanto tiempo. Y, sin embargo, en cierto modo, nunca los conoceremos, sobre todo a los faraones. Estaban tan rodeados de convenciones artísticas, necesidades políticas y deberes religiosos que la mayor parte de lo que se escribió sobre ellos era puramente ritual. Se necesitaba un faraón muy fuerte para dejar su huella; afortunadamente, Egipto tuvo unos cuantos gobernantes fuertes.

Si ha leído este libro con atención, debería tener un buen conocimiento de la historia de Egipto y de los principales gobernantes que hicieron del país lo que fue. Seguramente se fijará en los futuros anuncios de nuevos descubrimientos, como los talleres de momificación de humanos y animales hallados en Saqqara en 2023 y el sarcófago del canciller de Ramsés II, Ptahemuia, encontrado en 2022. Tal vez le apetezca ir usted mismo a Egipto o visitar uno de los muchos museos de Europa y EE. UU. que cuentan con una colección egipcia.

Cuando vea cómo funciona el gobierno en el mundo moderno, con un tesoro separado, diferentes departamentos y burócratas trabajando en sus cubículos, recuerde que este fue uno de los inventos que nos dejaron los antiguos egipcios. Puede que no tuvieran una democracia, pero sí un sistema administrativo muy bueno.

Estudiar el antiguo Egipto es especialmente interesante porque se trata de una civilización que atravesó varios periodos de turbulencias. Evaluar las razones por las que cayeron las dinastías y por las que Egipto se dividió durante sus tres Periodos Intermedios nos da muchas pistas sobre lo que debemos evitar si queremos seguir viviendo en un mundo estable. Mientras tanto, observar a los grandes faraones que restauraron el orden, como Amosis, Seti I y Ramsés II, es una lección objetiva de liderazgo.

Puede que estos faraones vivieran hasta hace cinco mil años, pero aún tienen mucho que enseñarnos hoy en día.

Faraones, dinastías y fechas

Cualquier intento de datar o incluso definir quiénes fueron faraones «reales» y quiénes no lo fueron está plagado de dificultades e incluso de controversias. Algunos faraones son conocidos por nombres griegos y egipcios o por nombres de tronos en lugar de nombres de nacimiento. A veces, es difícil conciliar los distintos nombres, sobre todo en el periodo inicial. Diferentes listas de reyes muestran nombres diferentes; en algunos casos, los faraones podrían estar «doblemente contados», ya que se ha considerado que sus nombres de nacimiento y sus nombres de trono representan a faraones diferentes. También hubo varios cogobernantes durante el Imperio Nuevo y bajo los Ptolomeos (una dinastía que parece haber sido creada puramente para confundir a los historiadores). Y durante los periodos intermedios, las dinastías a menudo se solapaban, con faraones rivales gobernando desde diferentes ciudades.

Se proporciona esta tabla en un intento de ofrecer una referencia rápida. Debe tenerse en cuenta que las fechas no son definitivas y que distintas fuentes proporcionan fechas diferentes, según la cronología que utilicen.

Dinastía, faraón	Fecha	Acontecimientos fuera de Egipto
Dinastía I		
Narmer / Menes	c. 3000 a. e. c.	
Hor-Aha		c. 3000: Construcción de Stonehenge.
Dyer		
Dyet		
Meryneit		
Den		
Adyib		
Semerjet		
Qa'a	c. 2900	
Sneferka		
Dinastía II		
Hetepsejemuy		
Nebra		
Nynecher		
Ba		

Dinastía, faraón	Fecha	Acontecimientos fuera de Egipto
Uneg-Nebty	c.2740	
Wadjenes		
Nubnefer		
Senedi		
Seth-Peribsen		
Sjemib	c. 2720	
Neferkara I		
Nerferkasokar		
Horus Sa		
Jasejemuy		
REINO ANTIGUO **Dinastía III**		
Zoser Netjerikhet	c. 2650	
Zoser-tety Sejemjet		
Sanajt		
Qa-hedyet		
Jaba		

Dinastía, faraón	Fecha	Acontecimientos fuera de Egipto
Huny		
Dinastía IV		
Seneferu	2613-2589	
Keops / Jufu	2589-2566	
Dyedefra		
Kefrén	2558-2532	
Menkaura		
Shepseskaf		
Dinastía V		
Userkaf	2496-2491	
Sahura		
Neferikara		
Neferefra		
Shepseskara		
Nyuserre		
Menkauhor		

Dinastía, faraón	Fecha	Acontecimientos fuera de Egipto
Djedkare		
Unas	2375-2345	
Dinastía VI		
Teti		2334: Fundación del Imperio acadio.
Userkare		
Pepi I Meryra		
Nemtyemsaf I Merenra		
Pepi II Neferkara		
Nemtyemsaf II Merenra		
Netjerkare I		
PRIMER PERIODO INTERMEDIO **Dinastías VII y VIII**		
Menkara	c. 2181	
Neferkara II		
Neferkara III		
Djedkare Shemai		

Dinastía, faraón	Fecha	Acontecimientos fuera de Egipto
Neferkara IV		
Merenhor		
Sneferka		
Nikare		
Neferkara V		
Neferkahor		
Neferkara VI		
Neferkamin Anu		
Qakare		
Neferkaure		
Neferkauhor		
Neferirkara		
Dinastía IX		
Jety I		
Neferkara VII		
Jety II		

Dinastía, faraón	Fecha	Acontecimientos fuera de Egipto
Imhotep		
Dinastía X (Bajo Egipto)		
Meryhathor	2130	
Neferkara VIII		
Wahkare		
Merykara		
Dinastía XI (Tebas)		
Intef el Viejo (no faraón, sino fundador de la dinastía)		
Mentuhotep I	2133	
Intef I		
Intef II		
Intef III		
REINO MEDIO **Dinastía XI**		
Mentuhotep II	2060-2040	
Mentuhotep III		

Dinastía, faraón	Fecha	Acontecimientos fuera de Egipto
Mentuhotep IV		
Dinastía XII		
Amenemhat I	1991-1962	
Sesostris I	1971-1929	
Amenemhat II	1929-1895	
Sesostris II	1897-1878	
Sesostris III	1878-1839	
Amenemhat III	1860-1814	
Amenemhat IV	1816-1807	
Sobekneferu		
SEGUNDO PERIODO INTERMEDIO **Dinastía XIII**		
Sebekhotep I	1802-1800	c. 1800: Se escribe la *Epopeya de Gilgamesh*; el código legal de Hammurabi.
Amenemhat Sonbef		
Nerikare		

Dinastía, faraón	Fecha	Acontecimientos fuera de Egipto
Amenemhat V		
Amenemhat VI		
Sewesekhtawy		
Sewadjkare I		
Sebekhotep II	c. 1780	
Renseneb		
Hor		
Sekhmrekhutawy Khabaw		
Djedkheperu		
Kay Amenemhat Sedyefakara		
Wegaf		
Userkare		
Semenejkara		
Intef IV		
Seth Meribre		

Dinastía, faraón	Fecha	Acontecimientos fuera de Egipto
Sebekhotep III		
Neferhotep I		
Sebekhotep IV		
Sebekhotep V		
Sebekhotep VI		
Wahibre		
Ay I Merneferre		
Ini		
Sewadjkare II		
Sebekhotep VII		
Merkheperra		
Merkare		
Seheqenre Sankhptahi		
Dinastía XIV (cananea, con sede en Avaris)		
Yakbim Sekaenre	1805-1780	
Ya'ammu Nubwoserre		

Dinastía, faraón	Fecha	Acontecimientos fuera de Egipto
Qareh Khawoserre		
Ammu Aahotepre		
Sheshi Maaibre		
Nehesy Aaserre		
Sewadjkare III		
Nebdjefare		
Dinastía XV (Hicsos)		
Salitis	c. 1650	
Khyan Seuserenre		
Apepi Nebkhepeshre		
Khamudi Hotepibre	1555-1544	
Dinastía XVI (Tebas)		
Djehuti	c. 1650	
Sebekhotep VIII		
Neferhotep III		
Nebiryaw I		

Dinastía, faraón	Fecha	Acontecimientos fuera de Egipto
Nebiryaw II		
Semenre		
Seuserenre		
Dedumose I		
Dedumose II		
Montemsaf		
Mentuhotep VI		
Sesostris IV		
Dinastía XVII (Alto Egipto)		
Rahotep	c. 1620	
Sobekemsaf I		
Sobekemsaf II		
Intef V		1600: Destrucción de la civilización minoica por la erupción de Santorini. La Grecia micénica sube al poder.
Intef VI		

Dinastía, faraón	Fecha	Acontecimientos fuera de Egipto
Intef VII		
Amosis I	c. 1558	
Seqenenra Tao	1558-1554	
Kamose	1554-1559	
NUEVO REINO **Dinastía XVIII**		
Amosis II	1550-1525	
Amenofis I	1541-1492	
Tutmosis I	1520-1492	
Tutmosis II	1492-1479	
Hatshepsut	1479-1458	
Tutmosis III	1458-1425	
Amenofis II	1425-1400	
Tutmosis IV	1400-1390	
Amenofis III	1390-1352	
Amenofis IV / Akenatón	1352-1336	

Dinastía, faraón	Fecha	Acontecimientos fuera de Egipto
Semenejkara		
Neferneferuatón		
Tutankamón	1332-1324	
Ay	1324-1320	
Horemheb	1320-1292	
Dinastía XIX		
Ramsés I	1292-1290	
Seti I	1290-1279	
Ramsés II "el Grande	1279-1213	
Merneptah	1213-1203	
Seti II	1203-1197	1200: Inicio de la cultura celta de Hallstatt. Colapso de la Edad de Bronce en el Mediterráneo y Oriente Próximo.
Siptah	1197-1191	
Tausert (probablemente la esposa de Seti II)	1191-1190	

Dinastía, faraón	Fecha	Acontecimientos fuera de Egipto
Dinastía XX		
Sethnajt	1190-1186	
Ramsés III	1186-1155	
Ramsés IV	1155-1149	
Ramsés V	1149-1145	
Ramsés VI	1145-1137	
Ramsés VII	1137-1130	
Ramsés VIII	1130-1129	
Ramsés IX	1129-1111	
Ramsés X	1111-110	
Ramsés XI	1107-1077	
TERCER PERIODO INTERMEDIO **Dinastía XXI (Tanis)**		
Nesbanebdjed I	1077-1051	
Amenemnisu	1051-1047	
Psusenes I	1047-1001	
Amenemope	1001-992	

Dinastía, faraón	Fecha	Acontecimientos fuera de Egipto
Osorkon el Viejo	992-986	
Siamón	986-967	
Psusenes II	967-943	
Sumos sacerdotes de Amón (gobernaron, pero no fueron coronados faraones)		
Herihor	1080-1074	
Pianj	1074-1070	
Pinedyem I Meriamun	1070-1032	
Masaharta	1054-1045	
Djedkonsuefankh	1046-1045	
Menkheperre	1045-992	
Nesbanadjed II	992-990	
Pinedjem II	990-976	
Psusenes III	976-943	
Dinastía XXII (libia)		
Sheshonq I	943-922	
Osorkon I	922-887	

Dinastía, faraón	Fecha	Acontecimientos fuera de Egipto
Sheshonq II	887-885	890: Homero escribe la *Ilíada* y la *Odisea*.
Takelot I	885-872	
Osorkon II	872-837	
Sheshonq III	837-798	814: Fundación de Cartago por los fenicios. 800: Auge de las ciudades-estado griegas.
Sheshonq IV	798-785	
Pami	785-778	
Sheshonq V	778-740	776: Primeros Juegos Olímpicos. 753: Fundación de Roma. 745: Tiglat-Pileser III se convierte en rey de Asiria y crea el Imperio asirio.
Osorkon IV	740-720	
Dinastía XXIII (libia)		
Takelot II	837-813	

Dinastía, faraón	Fecha	Acontecimientos fuera de Egipto
Pedubast I	826-801	
Salida I	812-811	
Sheshonq VI	801-795	
Osorkon III	795-767	
Takelot III	773-765	
Meriamun Rudamun	765-762	
Sheshonq VII		
Dinastía XXIV (Saite)		
Tafnajt	732-726	
Bakenrenef	726-720	
Dinastía XXV (nubia o kushita)		
Pianjy	744-714	
Shabitko	714-705	
Shabaka	705-690	
Taharqo	690-664	
Tanutamani	664-653	

Dinastía, faraón	Fecha	Acontecimientos fuera de Egipto
PERÍODO TARDÍO **Dinastía XXVI**		
Tefnakht II	685-678	
Nekauba	678-672	
Necao I	672-664	
Psamético I	664-610	612: Caída del Imperio asirio.
Necao II	610-595	
Psamético II	595-589	
Wahibre	589-570	
Amosis III	570-526	550: Ciro funda el Imperio aqueménida. Buda y Mahavira (fundador de la religión jainista) difundieron sus ideas en la India.
Psamético III	526-525	
Dinastía XXVII (persa)		
Cambises	525-522	
Dario	522-486	490: Batalla de

Dinastía, faraón	Fecha	Acontecimientos fuera de Egipto
		Maratón; los griegos derrotan a los persas.
Jerjes	486-465	
Artabano	465-464	
Artajerjes	464-424	447-432: Se construye el Partenón en Atenas.
Jerjes II	423	
Sogdiano	423	
Darío II	423-404	
Dinastía XXVIII		
Amirteo	404-398	399: Muerte de Sócrates; Platón escribe un relato de su muerte, así como obras filosóficas.
Dinastía XXIX		
Nefaruud I	398-393	
Hakor	392-391	
Pasherienmut	391	

Dinastía, faraón	Fecha	Acontecimientos fuera de Egipto
Hakor (segundo reinado)	390-379	
Nefaruud II	379	
Dinastía XXX		
Nectanebo I	379-360	
Djedher	360-359	
Nectanebo II	359-340	
Dinastía XXXI (persa)		
Artajerjes III	340-338	
Artajerjes IV	338-336	
Darío III	336-332	
Dinastía argéada		
Alexander	332-323	
Filipo Arrhidaeus de Macedonia	323-317	
Alejandro IV	317-309	

Dinastía, faraón	Fecha	Acontecimientos fuera de Egipto
Dinastía ptolemaica		
Ptolomeo I Soter	305-285	
Ptolomeo II Filadelfo	284-246	
Arsínoe II	277-270	
Ptolomeo III Evergetes	246-222	
Berenice II	244-222	
Ptolomeo IV Filopátor	222-204	
Arsínoe III	220-204	
Ptolomeo V Epífanes	204-180	
Cleopatra I Sira	193-176	
Ptolomeo VI Filométor	180-145	146: Roma destruye Cartago.
Cleopatra II	175-164: 163-127: 124-116	
Ptolomeo VIII Fiscón	171-163: 144-131: 127-116	
Ptolomeo VII Neos Filopátor	145-144	

Dinastía, faraón	Fecha	Acontecimientos fuera de Egipto
Cleopatra III	142-131: 127-107	
Ptolomeo Menfitas	131	
Ptolomeo XI Soter	116-110	
Cleopatra IV	116-115	
Ptolomeo X Alejandro	110-88	
Berenice III	81-80	
Ptolomeo XI Alejandro	80	
Ptolomeo XII Auletes	80-58: 55-51	
Cleopatra V Trifena	79-68	71: La muerte de Espartaco. 63: Roma toma Jerusalén.
Cleopatra VI	58-57	
Berenice IV	58-55	
Cleopatra VII	52-30	44: Asesinato de Julio César.
Ptolomeo XIII Teo Filopátor	47	
Arsínoe IV	48-47	

Dinastía, faraón	Fecha	Acontecimientos fuera de Egipto
Ptolomeo XIV Filopátor	47-44	
Ptolomeo XV Cesarión	44-30	

Vea más libros escritos por Enthralling History

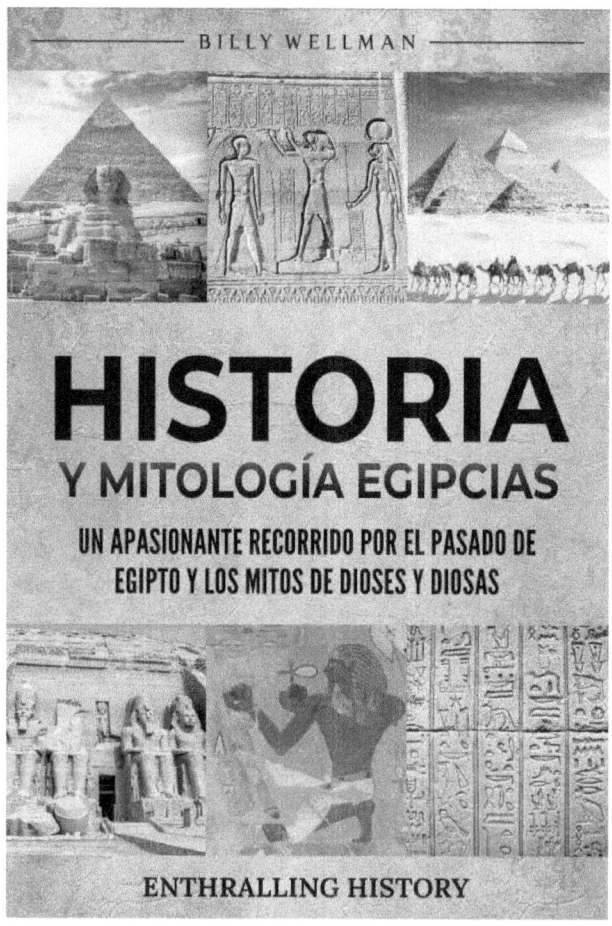

Bibliografía

Aldred, Cyril. *Akhenaten, Pharaoh of Egypt: A New Study.* Thames & Hudson, London, 1968.

Booth, Charlotte. *The Boy Behind the Mask: Meeting the Real Tutankhamun.* Oneworld, Oxford, 2007.

Brier, Bob. *The Murder of Tutankhamun: A True Story.* Putnam, 1998.

Cooney, Kara. *The Woman Who Would Be King: Hatshepsut's Rise to Power in Ancient Egypt.* Crown Publishers, New York, 2014.

David, Rosalie. *The Pyramid Builders of Ancient Egypt: A Modern Investigation of Pharaoh's Workforce.* Routledge & Kegan Paul, London, 1996.

Dodson, Aidan. *The First Pharaohs: Their Lives and Afterlives.* American University in Cairo Press, Cairo, 2021.

Jenkins, Nancy. *The Boat Beneath the Pyramid: King Cheops' Royal Ship.* Holt, Rinehart & Winston, New York, 1980.

Montserrat, Dominic. *Akhenaten: History, Fantasy and Ancient Egypt.* Routledge, London, 2000.

Nielsen, Nicky. *Pharaoh Seti I: Father of Egyptian Greatness.* Pen & Sword History, Barnsley, 2018.

O'Connor, David. *Abydos: Egypt's First Pharaohs and the Cult of Osiris.* Thames & Hudson, London, 2009.

Redford, Donald B. *Akhenaten: The Heretic King.* Princeton University Press, Princeton, 1984.

Riggs, Christina. *Unwrapping Ancient Egypt.* Bloomsbury, London, 2014.

Smith, Grafton Elliot and Dawson, Warren R. *Egyptian Mummies.* George

Allen & Unwin, London, 1924.

Tyldesley, Joyce. *Ramesses, Egypt's Greatest Pharaoh.* Penguin Books, London, 2001.

--- *Cleopatra, Last Queen of Egypt.* Basic Books, New York, 2008.

Wilkinson, Toby A. H. *Early Dynastic Egypt.* Routledge, London, 1999.

--- *The Rise and Fall of Ancient Egypt: The History of a Civilization from 3000 BC to Cleopatra.* Bloomsbury Publishing, London, 2010.

Fuentes de imágenes

[1] *Senix en Wikipedia en inglés, CC BY 3.0 <https://creativecommons.org/licenses/by/3.0>, vía Wikimedia Commons; https://commons.wikimedia.org/wiki/File:Louvre_Serej.png*

[2] *https://commons.wikimedia.org/wiki/File:Narmer_Palette.jpg*

[3] *Museo del Louvre, CC BY 3.0 <https://creativecommons.org/licenses/by/3.0>, vía Wikimedia Commons; https://commons.wikimedia.org/w/index.php?curid=17156681*

[4] *Roland Unger, CC BY-SA 3.0 <https://creativecommons.org/licenses/by-sa/3.0>, vía Wikimedia Commons; https://commons.wikimedia.org/wiki/File:CairoEgMuseumTaaMaskMostly Photographed.jpg*

[5] *https://commons.wikimedia.org/wiki/File:Menkaura.jpg*

[6] *https://commons.wikimedia.org/wiki/File:Sequenre_tao.JPG*

[7] *Ian Lloyd, CC BY-SA 3.0 <https://creativecommons.org/licenses/by-sa/3.0>, vía Wikimedia Commons; https://commons.wikimedia.org/wiki/File:Hatshetsup-temple-1by7.jpg*

[8] *https://commons.wikimedia.org/wiki/File:La_salle_dAkhenaton_(1356-1340_av_J.C.)_(Mus%C3%A9e_du_Caire)_(2076972086).jpg*

[9] *William Henry Goodyear, Joseph Hawkes y John McKecknie, Sin restricciones, vía Wikimedia Commons; https://commons.wikimedia.org/wiki/File:$10.08_Abu_Simbel,_image_9930.jpg*

[10] *https://commons.wikimedia.org/wiki/File:Mummy_Nodjmet_Smith.JPG*

[11] *https://commons.wikimedia.org/wiki/File:Ring_with_engraved_portrait_of_Ptolemy_VI_Philometor_(3rd%E2%80%932nd_century_BCE)_-_2009.jpg*

[12] *Stephen McKay, CC BY-SA 2.0; https://commons.wikimedia.org/wiki/File:Greater_London_House,_Camden_Town_-_geograph.org.uk_-_319426.jpg*

www.ingramcontent.com/pod-product-compliance
Lightning Source LLC
Chambersburg PA
CBHW070334010526
44107CB00004B/502